ZEITEN DER ENTSCHEIDUNG

VIKTOR E. FRANKL

ZEITEN DER ENTSCHEIDUNG

Ermutigungen

Zusammengestellt, aktualisiert und kommentiert sowie mit einem Nachwort von
Elisabeth Lukas

BENEVENTO

FSC
www.fsc.org
MIX
Papier aus verantwortungsvollen Quellen
FSC® C014138

Bei dieser Ausgabe handelt es sich um eine aktualisierte Neuauflage der gleichnamigen Originalausgabe, Freiburg 1996.

2. Auflage

Medieninhaber, Verleger und Herausgeber:
Red Bull Media House GmbH
Oberst-Lepperdinger-Straße 11–15
5071 Wals bei Salzburg, Österreich

Satz: MEDIA DESIGN: RIZNER.AT
Gesetzt aus der Palatino, Futura PT, Le Monde Livre Cla Std
Autorenillustration: © Claudia Meitert / carolineseidler.com
Umschlaggestaltung: Büro Jorge Schmidt, München
Umschlagillustration: © Katerina Izotova Art Lab / shutterstock
Printed by Finidr, Czech Republic
ISBN 978-3-7109-0159-1

INHALT

WERKZEUGKASTEN IN ZEITEN DER ENTSCHEIDUNG – EIN VORWORT

In repräsentativen Umfragen und Stichprobenuntersuchungen über das psychische Befinden begegnet einem wiederholt derselbe Befund: Viele Menschen berichten, dass sie »etwas« suchen, und wissen doch nicht recht, wonach genau sie suchen. Sie nehmen ein inneres Unbehagen oder innere Unruhe, einen Mangel wahr, sind sich aber noch nicht ganz sicher, worin genau dieser Mangel besteht.

Was diese Menschen (und gelegentlich auch die Sozialwissenschaften) vor ein Rätsel stellt, übersetzt die Psychologie in einen konkreteren Arbeitsauftrag: Etwas fehlt, und wir brauchen Hilfe. Zeiten der Entscheidung sind angebrochen, denn unser Umgang mit uns selbst, unser Umgang mit anderen Menschen und mit der Natur – kurz: unsere Beziehung zu uns selbst und zur Welt – ist, so scheint es, in den letzten Jahrzehnten irgendwie außer Tritt geraten. Psychologen haben für dieses von vielen Menschen zum Ausdruck gebrachte Unbehagen daher auch einige Begriffe gefunden, die – vermutlich, weil sie den meisten Menschen aus eigener Erfahrung so vertraut sind – auch längst in unseren Alltagssprachgebrauch eingegangen sind. Da ist ein Sinnlosigkeitsgefühl, eine Entfremdung, Orientierungslosigkeit und der Eindruck, in einem nicht enden wollenden Wettlauf gefangen zu sein, aus dem es kein Entrinnen – und bei dem es seltsamerweise zugleich auch kein eigentliches Ziel – zu geben scheint.

Immer mehr Menschen klagen daher auch, dass uns unsere moderne Industrie- und Konsumgesellschaft zu einem recht harschen Umgang miteinander, mit uns selbst und mit der Natur, geführt hat. Es scheint, als hätten wir uns eine Kultur geschaffen, in der der Idealismus viel zu häufig einer gewissen Abgeklärtheit, vielleicht auch einem nicht immer gut begründeten Misstrauen nachgibt. Die Folgen sind absehbar: Etwas muss in uns verkümmern, wenn das, was in uns und anderen auf Erfüllung hofft, so leichtfertig zum Verstummen gebracht wird. Es herrscht – auch mitten im Überfluss – ein Mangel an Sinn, an innerer Erfüllung, an echter Gemeinschaft, an Hoffnung, an sozialer und innerer Geborgenheit.

Dieser Mangel ist in der jüngeren Vergangenheit sogar noch sichtbarer geworden: Die letzten Jahre haben den meisten individuell und kollektiv viel abverlangt – sie haben eine gewisse Verunsicherung und Erschöpfung mit sich gebracht, deren Auswirkungen wir vielleicht erst mit einigem Abstand rückwirkend verstehen werden. Nun aber beginnt langsam eine Zeit des inneren und äußeren Wiederaufbaus – und damit auch eine Chance, sowohl individuell als auch gemeinschaftlich beziehungsweise gesellschaftlich neu zu beginnen. Denn in Krisenzeiten werden oft auch andere Bereiche unseres Lebens besonders hell ausgeleuchtet, die wir bislang vielleicht vernachlässigt haben – weiße Flecken auf der Landkarte gelingenden Lebens werden sichtbar; unerfüllte Sehnsüchte nach einem seelisch und geistig erfüllten Dasein werden wieder wach.

Und es werden nicht selten auch die Ressourcen sichtbar, die uns durch herausfordernde Zeiten tragen können: etwa die schützende Kraft des Miteinanders und der Familien- und Freundesgemeinschaft, das Heilsame einer ausgewogenen Balance zwischen Arbeit, Familie und Freizeit, das Stärkende, das aus der Fähigkeit erwächst, unsere Freiräume wahrzunehmen, und an der Bereitschaft reift, die Verantwortung anzunehmen, die wir für uns und für andere haben.

Wenn wir diese Lektionen aus der Krise in die Gegenwart mitzunehmen versuchen, begegnen wir damit gleichermaßen einer Chance und einer Herausforderung. Die Chance ist die Möglichkeit inneren Wachstums; sie wird, wie auch zahlreiche soziologische Studien bestätigen, von einer zunehmenden Zahl an Menschen als Notwendigkeit und als Aufgabe erkannt: Es ist vielerorts ein wachsender Wunsch nach Wandel zu vernehmen; ein Wunsch nach einem menschengemäßeren, behutsameren, ehrlicheren, gesünderen und besseren Umgang mit uns selbst, der Welt und anderen. Allerdings zeigen diese Untersuchungen auch: Es ist der Wunsch nach Wandel allein noch nicht genug. Es braucht auch Werkzeuge des inneren und äußeren Wandels, die uns dabei helfen, diese Chance des inneren Wachstums und der Erweiterung des eigenen Lebensverständnisses beziehungsweise der eigenen Lebensführung zu ergreifen und zu verwirklichen.

In diese Zeit der Chancen und Herausforderungen – *Zeiten der Entscheidung* – hinein erscheint nun dieses Buch, und das ist ein Glücksfall sondergleichen. Denn die darin versammelten Texte aus dem Gesamtwerk Viktor Frankls bieten einen niederschwelligen, zugänglichen und zugleich umfassenden Einstieg in eine psychologische Denk- und Forschungsrichtung, die zugleich viel mehr ist als nur eine Denk- und Forschungsrichtung: Sie ist eine Art praktische und konkrete, am Alltag orientierte Anleitung – ein Werkzeugkasten – zum gelingenden, sinnerfüllten Leben, zum heilsamen und guten Umgang mit sich selbst, mit anderen Menschen und der Welt.

In diesem Werkzeugkasten finden sich sowohl die Werkzeuge als auch die Anleitungen, wie man diese selbst im und am eigenen Leben zum Einsatz bringen kann. Sein »Einsatzgebiet« ist der Alltag – denn wo, wenn nicht mitten im Leben, mitten im Berufs- und Familienalltag soll sich etwas, von dem uns klinische Erfahrung, empirische Forschung und persönliche Lebenserfahrung sagen, dass es eminent hilfreich und zeitgemäß ist, bewähren?

Der Beweis nun, *dass* sich diese Werkzeuge und Impulse bewähren, ist bereits in großem Umfang erbracht – und das unterscheidet dieses Buch und seine Inhalte von einem Großteil der neueren Selbst- und Lebenshilfeliteratur: Es ist gleichermaßen evidenzbasiert (buchstäblich Hunderte Studien bestätigen die Umsetzbarkeit und Wirksamkeit hier vorgestellten Impulse), wie es persönlicher und klinischer Erfahrung entspringt.

Mit anderen Worten: Die hier vorgestellten Konzepte und Werkzeuge haben einerseits im Leben zahlloser Menschen tiefgreifende positive Änderungen bewirkt. Sie helfen, sie wirken, sie können mit teils nur (scheinbar) leichten Veränderungen der Perspektive eben jene positive individuelle und gemeinschaftliche Verwandlung anstoßen, nach denen sich heute so viele Menschen sehnen. Zugleich verfügen wir wie gesagt heute über eine Vielzahl an wissenschaftlichen Arbeiten, die den hier vorgestellten Impulsen und Werkzeugen eine hohe positive Wandlungswirkung attestieren. Diese wissenschaftlichen Arbeiten sagen uns auch: Wenn man weiß, wie und an welchen Stellen man die Hebel der positiven persönlichen Veränderung, des inneren Wachstums, unserer Möglichkeiten und Sinnangebote anzusetzen hat, ist es tatsächlich möglich, den entscheidenden Schritt zu tun vom Wunsch nach Wandel, sinnerfülltem Leben und innerem Wachstum zu seinem unmittelbaren und konkreten Erleben. Wandel ist möglich; und mit den hier vorgelegten Werkzeugen wird er greifbar.

Aus welcher Ausgangsposition auch immer sich daher der Leser oder die Leserin diesem Buch und seinen Ideen annähert – sei es, weil er oder sie an einer Sackgasse im eigenen Leben angekommen ist und nun Ermutigung und Wege zum Neubeginn sucht, sei es, weil er oder sie anderen auf diesem Wege beistehen möchte – oder sei es auch nur mehr, weil er oder sie mehr über die Möglichkeiten und Wege eines sinnerfüllten, gelingenden Lebens erfahren will: Hier wird er oder sie fündig werden wie schon viele Tausende vor ihnen, die durch das logotherapeutische Werk Frankls positiv berührt und inspiriert worden sind.

In diesem Buch werden einige zentrale Einsichten und Impulse aus dem Lebenswerk des bedeutenden Wiener Psychiaters und Begründers der Logotherapie und Existenzanalyse vorgestellt. Ausgewählt (also sozusagen in den Werkzeugkasten gepackt) und kommentiert hat sie Viktor Frankls bedeutendste Schülerin, die berühmte österreichische klinische Psychologin Elisabeth Lukas. Zusammengerechnet verfügen Viktor Frankl und Elisabeth Lukas über eine über viele Jahrzehnte gewonnene Erfahrung im heilenden und aufbauenden psychologischen und psychotherapeutischen Wirken. Beide haben den Wandel, die Ermutigung, den inneren Wiederaufbau nach persönlichen oder gesellschaftlichen Krisen in den Mittelpunkt ihres Wirkens gestellt; beide haben die hier beschriebenen Wege der Wandlung im Lauf ihres therapeutischen Arbeitens verfeinert, ausgebaut, an ihrer Zugänglichkeit und Verständlichkeit gearbeitet. Dieses Buch ist daher auch nicht allein Lesebuch – es ist ein Schlüssel zur persönlichen Wandlung, Lebens- und Selbsthilfe im besten Sinne; ein Buch der Lebensgestaltung.

Das Leben als Werkstatt

Es gibt einen Satz von Joseph Beuys, der gelegentlich etwas missverständlich gedeutet wird: »Jeder Mensch ist ein Künstler« meinte eigentlich nicht, dass jeder von uns nun zu Leinwand, Pinsel, Farbe oder Ton greifen müsse. Der Satz meint viel eher: Jeder Mensch, ob er sich nun dessen bewusst ist oder nicht, ist gestaltend tätig. Mit jedem Wort, mit jeder Handlung, sogar durch unsere Untätigkeit und Stille wirken wir mit an der Gestaltung und Formung unserer Persönlichkeit und unserer Welt – wir sind mit anderen Worten individuell und gemeinschaftlich eigentlich viel wirkmächtiger, als wir uns selbst und anderen oftmals zuzutrauen gewillt sind.

Zwar begegnen einem immer wieder auch schicksalhafte Zusammenhänge und Verhältnisse, die sich unserer Gestaltungsfähigkeit entziehen. Leben ist in gewisser Weise ein fortwährender

Dialog zwischen unabänderlichen Bedingungen auf der einen Seite und der Entscheidungsmöglichkeit, was wir mit und aus diesen Bedingungen tun werden, auf der anderen. Wie entscheidend aber diese Gestaltungsfreiheit ist, zeigt schon ein kurzer Blick in die Biographieforschung. Wie oft liest man nicht von Menschen, die in ihrem Leben die scheinbar besten Rahmenbedingungen vorgefunden haben – Gesundheit, wirtschaftliche Absicherung, eine wohlbehütete Kindheit, vielleicht sogar eine liebevolle Erziehung, eine gute Ausbildung, enormen beruflichen Erfolg – und die dennoch (oder gerade deswegen?) der Versuchung anheimgefallen sind, irgendwann in verwöhnte Gleichgültigkeit, Nörgelei und Unzufriedenheit, Verschwendungssucht oder andere Abhängigkeiten abzugleiten. Und wie sehr konfrontiert uns andererseits nicht nur der klinische Alltag mit Lebensgeschichten von Menschen, die unter den schwierigsten Umständen aufwachsen und leben mussten, und dennoch durch ihre ganze Wesensart, ihre Güte, ihr Handeln und ihr Engagement Zeugnis davon ablegen, dass es im menschlichen Leben eben nicht allein darauf ankommt, was wir empfangen – sondern maßgeblich auch darauf, was wir aussenden.

Einfacher formuliert: Auf das Material allein kommt es meist weit weniger an als auf die Frage, was wir daraus gestalten – und mit welchen Werkzeugen wir es gestalten. Dem einen mag das Leben bildlich gesprochen den schönsten und kostbarsten Marmor zugeteilt haben – aber was nützt ihm das, wenn er ihn ungenutzt liegen lässt; wenn er nicht das nötige Werkzeug bei der Hand hat, um sein Material gelungen zu gestalten? Der andere mag nur Lehm oder Holz zugeteilt bekommen haben – doch ist er mit dem geeigneten Werkzeug und etwas gutem Willen in der Lage, daraus für sich und andere eine Heimstätte zu bauen, die in ihrer einfachen Schönheit und Würde nicht weniger als ein Meisterwerk und Zeugnis menschlicher Entscheidungsfreiheit, Kreativität, Güte und gegenseitiger Fürsorge ist.

Dieses Buch ist eine Einladung – und eine evidenzbasierte Anleitung mitsamt Werkzeugen – zur positiven Selbst- und Lebensgestaltung. Und es soll, das wünsche ich seinen Leserinnen und Lesern, zugleich der Eintritt in erfüllteres und menschlicheres Leben sein.

Alexander Batthyány, im Juni 2022

DIE SUCHE DES MENSCHEN NACH SINN

Zeitgemäßheit der Existenzanalyse

Die Existenzanalyse fasst ins Auge das Ringen des Menschen um einen Sinn – und nicht nur um den Sinn des Leidens, sondern auch um den Sinn des Lebens schlechthin, um den Sinn der Existenz. Für die Existenzanalyse gibt es nicht allein einen »Kampf ums Dasein«, wie der programmatische Buchtitel einmal gelautet hat, »und gegenseitige Hilfe« (Peter Kropotkin); sondern für die Existenzanalyse gilt: Kampf um den Sinn des Daseins – und Beistand in der Sinnfindung. Mit einem Wort: Die Existenzanalyse stellt in den Vordergrund ihres Gesichtsfeldes die Sinnorientiertheit und die Wertstrebigkeit des Menschen.

Und nun möchte ich am liebsten einem Fachkollegen das Wort erteilen. Er schreibt in einem Brief: »Warum mich gerade die Existenzanalyse so angesprochen hat? Ich war als junger Widerstandskämpfer noch in den letzten Wochen vor Kriegsende von der Gestapo erwischt, beim Verhör arg misshandelt und schließlich in das nahegelegene KZ R. bei I. gebracht worden. Ich musste mein Todesurteil selbst unterzeichnen, und die Hinrichtung sollte am 3. Mai 1945 öffentlich vollzogen werden. Man mag mir's nicht verübeln, wenn ich an ein Wunder glaube, dass ich diesem Schicksal entgangen bin. Und doch, jene Tage, da man meinte, auf der absoluten Höhe seines Daseins angekommen zu sein, *da waren die Fragen, die man an sich stellte, tiefer und gründlicher, als je eine Lehranalyse sie entwickeln könnte.* Und in jener Situation spürte man schon, worum es auch in der Psychotherapie gehen muss! Alle orthodoxen Systeme versagen im Vergleich zu jener Analyse, der man sich selbst unterzog. Spielte es da eine Rolle, ob der oder jener Ansatz einer psychischen Unausgeglichenheit, eines Komplexes, zurückzuführen sei auf ein prägenitales, analerotisches, ja wo möglich auf ein intrauterines Trauma, oder ob die oder jene Organminderwertigkeit daran beteiligt gewesen sein mag, oder ob Archetypen meines kollektiven Unbewussten irgendwie mitgespielt haben – *diese* Fragen wurden in der Situation des Wartens auf das Letzte wahrlich nicht gestellt! Da sprach man mit sich oder mit andern über Wesentlicheres. Und um dieses Wesentliche bemüht sich auch unsere neue psychotherapeutische Forschung.« – Ich denke, diese Zeilen sprechen für sich – und immerhin für eine gewisse »Zeitgemäßheit« und gegen eine bloße Zeitbedingtheit.

KOMMENTAR

So wie der Zustand unserer Welt heutzutage beschaffen ist, stellen sich auch »wesentlichere Fragen« in der Bevölkerung als die nach psychischen Empfindsamkeiten und deren Herkunft. Angesichts von Krieg, Pandemie, Klimawandel, Flüchtlingselend et cetera geht es viel mehr um ein kollektives Verantwortungsbewusstsein – ein Hauptthema der Frankl'schen Existenzanalyse!

Metaphysischer Leichtsinn

An uns wendet sich ein junger Schneidergehilfe und gibt an, er komme »wegen der Ewigkeit«. Auf Befragen äußert er, was er damit meint: Er komme nicht darüber hinweg, dass alles so vergänglich ist und eben nichts weniger als »ewig«. Im Besonderen habe es ihm die Sterblichkeit des Menschen angetan, und er erinnere sich daran, dass ihn bereits in der Kindheit der Gedanke übermannt hat: auch er selbst werde dereinst sterben müssen.

Was uns in diesem Gedanken gegenübertritt, ist nicht mehr und nicht weniger als eine Wendung vom Logischen zum Existenziellen. Die Logik lehrt immer nur: Caius ist ein Mensch; alle Menschen sind sterblich; also ist Caius sterblich. Demgegenüber ist die Abwendung vom bloß Logischen und Zuwendung zum Existentiellen gekennzeichnet durch die Anwendung der bloßen Logik auf je meine eigene, konkrete und persönliche Existenz in deren Einmaligkeit und Einzigartigkeit. Nicht nur »man« stirbt, sondern auch der Denker ebendieses Gedankens wird sterben müssen. Der Todesgedanke wird rückbezüglich auf das eigene Selbst gedacht. Das Subjekt wird nicht ausgeschlossen, sondern einbezogen in die Gültigkeit eines objektiven Sachverhalts.

Soviel zur Würdigung dieses Denkschritts unseres Patienten. Wir fragen ihn nun, warum er sich denn nicht an einen Priester gewandt habe – der wohl zuständiger sei für Dinge wie »Ewigkeit«. Der Patient jedoch entgegnet, er sei seit Jahren irreligiös. Hingegen habe er sich an seinen Vater gewandt; der Vater aber habe zugegeben, dass tatsächlich alles vergänglich sei, und dass es vor allem eines nicht gebe: ein Fortleben der Seele nach dem Tode.

Daraufhin erkundigen wir uns fürs erste einmal nach dem Beruf des Vaters und erfahren, dass er Buchhalter sei. Ob er als solcher der Geeignete ist, um auch in Fragen einer Sinn- und Wertbilanz menschlichen Daseins Auskunft zu geben, lassen wir dahingestellt.

Wir greifen vielmehr nach einem Rezeptformular. In diesem Augenblick wehrt unser Patient ab: »Bitte, keine Medizin!« Wir hatten aber nicht daran gedacht, ihm ein Medikament zu verschreiben, und so lassen·wir uns auch nicht abhalten und notieren auf dem Formular den Titel einer gemeinverständlich gehaltenen

Broschüre, die sich mit der Frage nach dem Sinn des Lebens auseinandersetzt und nicht zuletzt mit dem Problem, ob die Sinnhaftigkeit des Daseins durch dessen Vergänglichkeit zunichte gemacht werde (vgl. Kant, *Die Philosophie muss als Arzneimittel wirken*). Diese Broschüre empfehlen wir dem Patienten zur Lektüre und laden ihn ein, dann wiederzukommen.

Wenige Tage später erscheint er abermals im Ambulatorium, aber nicht ohne sich über das Gelesene höchst unbefriedigt zu äußeren. Gleichzeitig gibt er jedoch an, dass es ihm bedeutend besser gehe. Denn in der Zwischenzeit habe er mehr Arbeit gehabt und sei weniger dazugekommen, seinen Grübeleien nachzuhängen.

Aber wir lassen nicht mehr locker. Und die einmal aufgerührte Problematik dieses Menschen lassen wir keineswegs mehr unter den Tisch fallen. Im Gegenteil, wir wollen sie durchbesprechen, und wir möchten gerade die Einwände durchbesprechen, die unser Patient gegen die lebensbejahenden Darlegungen der Broschüre vorzubringen haben mag. Wir wollen ihn durch die nun einmal aufgebrochene geistige Not hindurchlotsen, und um nichts anderes handelt es sich bei ihm als um wesentlich geistige Not – und eigentlich nicht seelische Krankheit. Um ihn durch diese geistige Not hindurchschleusen zu können, müssen wir ihn in diese existenzielle Krise wohl oder übel nur noch mehr hineinhetzen.

Denn es könnte eines Tages sehr leicht geschehen, dass dieser junge Mann einmal weniger Arbeit hat oder gar arbeitslos wird. Damit zugleich würde er aber auch haltlos werden, ohne geistigen Halt sein. Dem aber gilt es vorzubeugen, auch von unserer ärztlichen Seite – wenn anders es mit zu den Aufgaben ärztlichen Handelns gehört, Leiden auch zu verhüten.

Eine eigenartige Therapie, wird man einwenden, und ein merkwürdiges Vorgehen seitens eines Arztes: Die leidvolle Unruhe, über die ein Mensch spontan schon hinausgekommen ist, noch zu erhöhen. Wer so spricht, vergisst aber, dass diese Unruhe – vielleicht so recht eine *inquietas cordis* im Augustinischen Sinne – eigentlich keine Krankheit darstellt, auch keine seelische Krankheit, vielmehr – wie oben bereits angedeutet – geistige Not. Geistige Not als solche, als geistige, ist jedoch nichts Krankhaftes, sondern etwas Menschliches, ja in gewissem Sinne sogar das Menschlichste, was es überhaupt gibt.

Aus diesen diagnostischen Überlegungen folgen therapeutische. Oben hieß es, wir hätten angesichts unseres Patienten nicht mehr locker gelassen. Wir ließen ihm keine Ruhe, wir ließen ihm nicht die Scheinruhe metaphysischen Leichtsinns (Scheler). Und wir hätten diesen Patienten auch nicht in Ruhe lassen dürfen, solange er nicht den Sinn seiner Existenz gefunden und damit zu sich selbst. Ist es doch vielleicht der Leitsatz und Wahlspruch aller Psychotherapie, dieses »ich lasse dich nicht, du seist denn du selbst geworden«.

KOMMENTAR

Die Frage, ob unsere Sterblichkeit den Sinn unseres Daseins zunichtemache, ist durchaus berechtigt. In der Broschüre, die Frankl seinem Patienten empfahl, befand sich das Gegenargument, dass gerade unsere Endlichkeit Grund sei, die uns gewährte Lebenszeit sorgsam und engagiert zu nützen. In einem endlos langen Leben wäre ja alles aufschiebbar – und nichts wäre im Hier und Jetzt »fällig«.

Der Sinn – ein Schachzug?

Nicht nur von Stunde zu Stunde wechselt die Frage, die das Leben an uns stellt und in deren Beantwortung wir den Sinn des Augenblicks verwirklichen können, sondern sie wechselt auch von Mensch zu Mensch: Die Frage ist in jedem Augenblick für jeden einzelnen durchaus verschieden. So sehen wir aber auch, wie einfältig die Frage nach dem Sinn des Lebens gestellt ist, sofern sie nicht in aller Konkretheit gestellt wird – in der Konkretheit des Hier und Jetzt. Nach *dem* Sinn *des* Lebens zu fragen, muss uns in dieser Sicht ebenso naiv erscheinen, wie etwa die Frage eines Reporters, der einen Schachweltmeister interviewt und hierbei fragen würde: »Und nun, verehrter Meister, sagen Sie mir: welchen Schachzug halten Sie für den besten?« Gibt es denn einen, einen bestimmten Schachzug, der gut sein könnte oder gar der beste – jenseits einer ganz bestimmten, einer konkreten Spielsituation, einer konkreten Figurenstellung?

Nicht weniger naiv war jener junge Mann, der mich eines Tages, vor vielen Jahren, ansprach, bevor ich irgendwo zu einer kleinen Plauderei über den Sinn des Lebens startete. Seine Worte waren beiläufig folgende: »Geh, Frankl, sei mir nicht bös, ich bin heute Abend bei meinen künftigen Schwiegereltern eingeladen, ich muss unbedingt hin und kann nicht bei deinem Vortrag bleiben; sei so lieb und sag mir g'schwind: was ist der Sinn des Lebens?«

KOMMENTAR

Der Sinn unseres Daseins fällt nicht mit dessen Endlichkeit, sondern intensiviert sich sogar dank ihr – so haben wir vernommen. Dennoch übersteigt er unser Begreifen. Was wir von ihm erhaschen, erspüren, erahnen können, konzentriert sich auf unsere jeweilige Situation, in der es (solange wir bei klarem Bewusstsein sind) stets die Möglichkeit für einen nächsten »sinnvollen Zug« gibt.

Die ewig neue Frage des Lebens an uns

Jetzt verstehen wir, wie letzten Endes falsch die Frage nach dem Sinn des Lebens gestellt ist, wenn sie so gestellt wird, wie sie im allgemeinen gefragt wird: Nicht wir dürfen nach dem Sinn des Lebens fragen – das Leben ist es, das Fragen stellt, Fragen an uns richtet – wir sind die Befragten! Wir sind die, die da zu antworten haben, Antwort zu geben haben auf die ständige, stündliche Frage des Lebens, auf die »Lebensfragen«. Leben selbst heißt nichts anderes als Befragt-sein, all unser Sein ist nichts weiter als ein Antworten – ein Ver-Antworten des Lebens. In dieser Denkposition kann uns aber jetzt auch nichts mehr schrecken, keine Zukunft, keine scheinbare Zukunftslosigkeit. Denn nun ist die Gegenwart alles, denn sie birgt die ewig neue Frage des Lebens an uns. Nun kommt alles darauf an, was jeweils von uns erwartet wird. Was jedoch in der Zukunft auf uns wartet, brauchen wir ebenso wenig zu wissen, wie wir es wissen können. In diesem Zusammenhang pflege ich gewöhnlich jene Geschichte zu erzählen, die vor vielen Jahren in einer kurzen Zeitungsnotiz stand: Ein zu lebenslänglichem Zuchthaus verurteilter Farbiger wurde einmal auf die Teufelsinsel deportiert. Als das Schiff, nämlich der *Leviathan*, auf hoher See war, brach ein Brand aus. In der Not der Situation wurde der Farbige von seinen Fesseln befreit und beteiligte sich an den Rettungsarbeiten. Er rettete zehn Menschenleben. Später ist er daraufhin begnadigt worden. Ich frage: Wenn man diesen Farbigen noch vor der Einschiffung, nämlich am Hafenkai von Marseille, gefragt hätte, ob sein Weiterleben noch irgendeinen Sinn haben könnte – er hätte wohl den Kopf schütteln müssen: was wartete noch auf ihn? Niemand aber von uns weiß, was auf ihn noch wartet, welche große Stunde, welche einmalige Gelegenheit zu einzigartigem Handeln auf ihn noch wartet – so wie die Rettung von zehn Menschen auf jenen Farbigen vom *Leviathan*.

KOMMENTAR

»In dieser Denkposition kann uns nichts mehr schrecken«, schrieb Frankl. Welch ein tröstliches Wort, wenn man bedenkt, wie sehr unsere Generation von apokalyptischen Zukunftsvisionen geplagt ist. Lassen wir die Frage ruhen, was alles Schlimmes auf uns warten könnte, und schreiten wir zügig zur Beantwortung der drängenden Gegenwartsprobleme – vielleicht werden wir dann auch »begnadigt«.

Arbeitslosigkeit und Hunger nach Sinn

Ich kenne den Hunger. Im Ersten Weltkrieg bin ich zu Bauern um Brot betteln gegangen, und im Zweiten Weltkrieg hab' ich eine Zeitlang (in einem Lager) von achthundertfünfzig Kalorien pro Tag gelebt und vierzig Kilogramm gewogen.

Aber auch in der Zwischenkriegszeit habe ich hungernde Menschen kennengelernt, und zwar im Zusammenhang mit einer von der Wiener Arbeiterkammer gestarteten Aktion »Jugend in Not«, in deren Rahmen ich den Auftrag hatte, junge Arbeitslose psychologisch zu betreuen. Und es ist jetzt fünfzig Jahre her, dass ich über meine diesbezüglichen Erfahrungen in der *Sozialärztlichen Rundschau* einen Aufsatz veröffentlicht habe. Und zwar konnte ich nachweisen, dass die Depression der jungen Leute darauf zurückzuführen war, dass sie sich sagten: Ich bin arbeitslos, folglich bin ich nutzlos, folglich ist mein Leben sinnlos. Es handelte sich also im Grunde um ein Sinnlosigkeitsgefühl, das die Depression ausgelöst hatte! Und das konnte dadurch nachgewiesen werden, dass in dem Augenblick, in dem es mir gelungen war, diese jungen Leute in irgendeine Jugendorganisation oder in eine öffentliche Bücherei oder in eine Volkshochschule einzuschleusen, wo sie eine unbezahlte, ehrenamtliche Funktion übernehmen konnten, die sie auch persönlich ansprach, im selben Augenblick die Depression verschwunden war – obzwar ihnen der Magen nach wie vor geknurrt hat, und zwar buchstäblich, denn seinerzeit musste ein Arbeitsloser buchstäblich hungern; aber ich werde nie vergessen, wie mir so mancher von diesen jungen Arbeitslosen entgegengeschrien hat: Was wir wollen, was wir brauchen, ist ja nicht nur das Geld, von dem wir leben können, sondern in erster Linie etwas, für das wir leben könnten – etwas, das unserem Leben einen Sinn gibt!

Es gibt also nicht nur einen Hunger nach Brot, sondern sehr wohl auch einen Hunger nach Sinn! Und das wird auch im Wohlfahrtsstaat von heute zuwenig berücksichtigt. Auch im Zusammenhang mit der Arbeitslosigkeit. Das sogenannte soziale Sicherheitsnetz, möchte ich sagen, ist zu weitmaschig: Die seelische Not des Arbeitslosen, sein Sinnlosigkeitsgefühl, fällt durch!

KOMMENTAR

Nach wie vor sind Arbeitslosigkeit, Armut und Hunger gewaltige Themen eines Großteils unserer Welt. Der restliche Weltteil hat andere Sorgen, vielleicht nicht weniger grässliche. Aber *eine* seelische Not verbindet uns alle miteinander, nämlich *der Hunger nach Sinn*. Dabei gäbe es sinnvolle Aufgaben im Überfluss, zum Beispiel in der sozialen Umverteilung der Güter ...

Erraten!

Freud hat uns gelehrt, wie wichtig das Entlarven ist. Aber ich denke, irgendwo muss es auch Halt machen, und zwar dort, wo der »entlarvende Psychologe« mit etwas konfrontiert ist, das sich eben nicht mehr entlarven lässt, aus dem einfachen Grunde, weil es echt ist. Der Psychologe aber, der auch dort noch nicht aufhören kann zu entlarven, entlarvt nur die ihm unbewusste Tendenz, das Echte im Menschen, das Menschliche im Menschen zu entwerten.

Ich muss es wissen. Denn ich bin durch die Schule des Psychologismus und die Hölle des

Nihilismus gegangen. Mag sein, dass wirklich jeder, der ein eigenes System der Psychotherapie entwickelt, letzten Endes nur seine eigene Krankengeschichte schreibt. Es fragt sich nur, ob sie auch repräsentativ ist für die kollektive Neurose seiner Zeit. Dann könnte er nämlich sein Leiden für andere aufopfern, und dann könnte seine Krankheit dazu beitragen, die anderen zu immunisieren.

Eines Morgens kam ich in die Klinik und begrüßte den bereits wartenden kleinen Kreis amerikanischer Professoren, Psychiater und Studenten, die sich zu Forschungszwecken in Wien aufhielten. »Who's Who in America hat ein paar Dutzend Leute ausgewählt und ist an sie mit der Bitte herangetreten, mit einem einzigen Satz zu umschreiben, was das Anliegen. ihres Lebens gewesen sei. Mich sind sie ebenfalls angegangen.« Allgemeines Händeschütteln. »Was glauben Sie nun, habe ich denen geschrieben?« Allgemeines Nachdenken. Und dann antwortete ein Berkeley-Student wie aus der Pistole geschossen: »Sie haben den Sinn Ihres Lebens darin gesehen, anderen zu helfen, in ihrem Leben einen Sinn zu sehen.« Es stimmte haargenau. Ich hatte das wirklich geschrieben.

KOMMENTAR

Das Aufdecken und Entlarven von Motiven ist ein »Lieblingsspiel« der traditionellen Psychologie. Allerdings kann man sich dabei sehr täuschen, weshalb in der Logotherapie beim Spekulieren von Motiven Zurückhaltung geübt wird. Nicht getäuscht hat sich jedoch jener amerikanische Student, der das Lebensanliegen Frankls richtig eingeschätzt hat.

ZUR FRAGE DER FREIHEIT UND ENTSCHEIDUNGSFÄHIGKEIT

Glaube an den freien Willen

Der Vorwurf, die Psychoanalyse sei pansexualistisch, ist heute längst schon obsolet. Jeder benevolente Beurteiler wird konzedieren, dass von Pansexualismus im eigentlichen Wortsinn nicht mehr die Rede sein kann. Was aber nach wie vor gilt, ist etwas, das wir Pandeterminismus nennen möchten, will heißen der Umstand, dass nichts ausgespart bleibt von der deterministischen Interpretation. Allein, im Gemäuer des Pandeterminismus beginnt es heutzutage bereits zu rieseln.

Wir wollen nur einer Äußerung des amerikanischen Psychologen C. R. Rogers Erwähnung tun, der auf einem von der Amerikanischen Psychologischen Gesellschaft veranstalteten Symposium für Existenzielle Psychologie und Psychotherapie in Cincinnati am 4. September 1959 zunächst einmal erklärte, eines der Elemente existentiellen Denkens, das für die traditionellen amerikanischen Psychologen am schockierendsten ist, sei die Tatsache, dass vom Menschen so gesprochen werde, als wäre er frei und verantwortlich.* Eines Tages jedoch habe ihm einer seiner Studenten eine Dissertation unterbreitet, aus der hervorging, dass eine exakt vorgenommene statistische Faktorenanalyse nicht zu dem erwarteten Ergebnis geführt hatte, dass sich die Rückfallwahrscheinlichkeit krimineller Individuen am besten feststellen lässt, wenn im konkreten Falle die sozialen und familiären Lebensverhältnisse berücksichtigt werden; vielmehr ergab die Korrelationsrechnung, dass das jeweils Entscheidende der Grad des Selbstverständnisses ist, der Einsicht – oder, wie wir ebenfalls sagen könnten: der Fähigkeit zur Einkehr in sich selbst. Seit dem Tage, meinte Rogers, glaube auch er wieder an die Freiheit des menschlichen Willens.

Mir selbst jedoch fällt im gleichen Zusammenhang eine Episode ein, die sich zwischen einem prominenten amerikanischen Psychoanalytiker und einem europäischen Logotherapeuten zutrug: Der letztere hatte dem ersteren gesagt, er werde klettern gehen, worauf der Psychoanalytiker nur den Kopf schütteln konnte, um schließlich für seinen eigenen Horror vor alpinen Abenteuern oder gar alpinistischen Ambitionen, also für sein diesbezügliches Unverständnis, um Verständnis zu betteln, indem er erzählte, was er in seiner Kindheit erlebt hatte: Sein Vater hatte ihn auf Ausflüge mitgenommen, die ebenso

---

* Carl Ransom Rogers, »Discussion«, *Existential Inquiries* 1/1960, Nr. 2, S. 9.

langweilig wie strapaziös waren. Da ergriff der Logotherapeut das Wort, und die Pikanterie wollte es, dass auch sein Vater ihn auf stundenlange Wanderungen mitgenommen hatte, und auch sie waren nur ermüdend und darum verhasst und gefürchtet, und dennoch war aus dem Jungen ein Alpinist geworden.

KOMMENTAR

Es ist schon eigenartig: Gäbe es keinen freien Willen des Menschen, brauchten wir überhaupt keine Psychotherapeuten, da aufgrund der Vorgeschichte eines Patienten sowieso festgelegt wäre, wie sich dieser weiterentwickeln wird. Aber gerade im psychotherapeutischen Gespräch ist beobachtbar, wie unterschiedlich Menschen auf ähnliche Schicksalsfügungen reagieren!

Autonomie trotz Dependenz

Ganz genau so wie ein Baumeister zwar abhängig ist vom Baumaterial, aber trotz alledem frei im Gebrauch dieses Materials, so verhält es sich auch mit der geistigen Person beziehungsweise mit deren (freiem) Verhalten *zu* den vererbten psychophysischen Anlagen. Hier wird unser roter Faden: das Leitmotiv einer Autonomie trotz Dependenz, sichtbar. Gerade die Forschungsergebnisse der Erbpathologie erscheinen uns ganz darnach angetan, die Dependenz des geistigen Baumeisters und die gleichzeitige Autonomie im Gebrauch des psychophysischen Baumaterials aufzuweisen.

John Lange hat einmal den Fall (eineiiger) Zwillingsschwestern publiziert, die – beide – zwangsneurotische Charakterzüge trugen. Die eine von ihnen war jedoch in sich gekehrt, weltabgewandt, lebensunlustig und lebensuntüchtig, während die andere aufgeschlossen, weltoffen, lebensfreudig und lebenstüchtig war; aber beiden waren – ganz und gar harmlose – zwangsneurotische Gewohnheiten gemeinsam, zum Beispiel die Gewohnheit, Briefe unter einem ganz bestimmten Zeremoniell in den Briefkasten einzuwerfen.

In einem andern Falle aus der Literatur über erbpsychiatrische Zwillingsforschung war der eine (eineiige) Zwillingsbruder ein gerissener Gewohnheitsverbrecher und der andere ein gewiegter –Kriminalbeamter.

So sehen wir denn: Aufgrund der im Falle eineiiger Zwillinge garantiert identischen Anlage etabliert sich phänotypisch ein dennoch verschiedener Charakter: Im ersten Falle ist die Vitalität eine verschiedene – im zweiten die Sozialität. Nun, wir dürfen bei alledem nicht übersehen, dass diese Verschiedenheiten entscheidende Unterschiede darstellen; denn es mag sehr wenig bedeuten, dass zwei Menschen auf die gleiche Art Briefe in den Briefkasten einwerfen beziehungsweise dieselbe Eigenschaft besitzen: »gerissen« beziehungsweise »gewiegt« zu sein –

dies alles macht herzlich wenig aus gegenüber der unterschiedlichen Eigentümlichkeit, lebens(un)tauglich beziehungsweise gemeinschafts(un)fähig zu sein.

Nun, woher sollten denn all diese »entscheidenden« Unterschiede sonst herrühren, wenn nicht von jener einzigen Instanz, deren Wesen es ausmacht, eben entscheidend zu sein – vom Geistigen im Menschen?

KOMMENTAR

Heute besteht kein Zweifel mehr daran, dass Erbgut und Erziehung nicht »die ganze Geschichte vom Menschen« ausmachen. Der Mensch macht auch etwas aus sich, er formt selbst und eigenständig das ihm gelieferte »Baumaterial« zu seiner irdischen Behausung. Dabei zeigt sich: Mancher baut aus kostbaren »Marmorblöcken« ein »Gefängnis«, und mancher aus minderwertigem »Sandstein« eine »Kathedrale«.

Neurotischer Fatalismus

Die grundlegende menschliche Freiheit gegenüber allem Schicksalhaften, *die unverlierbare Möglichkeit, sich zum gegebenen Schicksal als zu einer nun irgendwie zu bewältigenden Aufgabe einzustellen, die allemal unabdingbare Freiheit, sich dabei »so oder so« einzustellen,* dies alles hat der Psychotherapeut ins rechte Licht zu rücken; denn so und nur so wird es ihm ermöglicht, dem Kranken das Äußerste an äußeren wie inneren Möglichkeiten verwirklichen zu helfen.

Freiheit und Verantwortung sind aber nicht gewährleistet, wenn nicht auch die Selbständigkeit des Kranken – seine Selbständigkeit auch dem Arzt gegenüber! – gewahrt bleibt. Daher ist es nötig, entweder ihn von vornherein nicht in ein Abhängigkeitsverhältnis zum behandelnden Psychotherapeuten zu bringen, oder aber dort, wo das unausweichlich erscheint – man denke nur an die Herstellung des sogenannten Rapports bei suggestiven Verfahren –, solcher Behandlung eine Rückerziehung zur Selbständigkeit folgen zu lassen.

Wie sehr der Verlust der Selbständigkeit als eine Gefahr schlechterdings alle Psychotherapie begleitet, möge aus folgendem Falle hervorgehen: Die vierzigjährige Patientin kommt zum Arzt, weil sie »seelisch zusammengebrochen« sei: Sie sei ganz verzagt – namentlich seit einer Beschlagnahme ihres gesamten Besitztums und, darüber hinaus, im Hinblick auf die »drohende Gefahr eines dritten Weltkriegs«, von der man ihr gegenüber so oft spreche. Sie sei deprimiert und könne sich deshalb nicht aufraffen, weil sie »so willensschwach« sei: »Ich bin halt leider so …« Nun wird der Kranken vor allem klargemacht, dass es eine Willensschwäche in dem Sinne, der ihr vorschwebt, gar nicht gibt; dass vielmehr ebenso wie »dort, wo ein Wille ist, auch ein Weg ist«, sich auch sagen ließe: *Wo ein Ziel ist, ist auch ein Wille.* Allen weiteren Einwendungen jedoch, wie sie von Neurotikern dann vorgebracht zu werden pflegen, begegnen wir mit folgendem Ratschlag: Falls sie nach wie vor den »Willen« zu irgend etwas nicht aufzubringen vermöchten, dann sollen sie doch einfach einmal versuchen, es eben ohne Willen zu tun! Damit entziehen wir nämlich den Kranken den Boden, auf den sich ihre Tendenz stützen könnte, die angebliche Willensschwäche zu hypostasieren und sich so immer aufs Neue auf sie auszureden.

KOMMENTAR

Das vorgeschlagene Verfahren klingt ein wenig hart, ist aber notwendig, um den Ausredenmodus mancher Personen zu kippen. Er ist schwer, Besitztümer zu verlieren. Es ist auch schwer, angesichts drohender Katastrophen besonnen zu bleiben. Dennoch sind Extremsituationen eher Anlass, Willensstärke zu beweisen und das Beste aus ihnen zu machen, statt in Lethargie zu versacken.

Das Fressen und die Moral

Niemand soll glauben, dass wir so frivol sind, wirtschaftliche Schwierigkeiten, eine wirtschaftliche Notlage, überhaupt das soziologische oder ökonomische Moment in solchen Zusammenhängen zu unterschätzen. Wir wissen, heute mehr denn je, wie weit »zuerst das Fressen und dann die Moral kommt« (Bert Brecht). Wir machen uns diesbezüglich auch gar nichts mehr vor. Aber wir wissen in einem, wie sinnlos Fressen ohne alle Moral ist und wie katastrophal diese Sinnlosigkeit dem nur aufs Fressen Bedachten zu Bewusstsein kommen kann; und wir wissen nicht zuletzt, wie sehr nur eine »Moral« – will heißen: der unerschütterliche Glaube an einen unbedingten Lebenssinn, so oder so das Leben erträglich macht. Denn wir haben es erlebt, dass der Mensch auch ehrlich bereit ist, zu hungern, wenn das Hungern nur einen Sinn hat.

Aber wir haben nicht nur gesehen, wie schwer das Hungern ist, sofern man keine »Moral« hat, sondern wir haben auch gesehen, wie schwer von einem Menschen Moral verlangt werden kann, sofern man ihn hungern lässt. Einmal musste ich irgendwo ein psychiatrisches Gerichtsgutachten abgeben über einen halbwüchsigen Burschen, der – inmitten äußerster Notsituation – einen Laib Brot gestohlen hatte; das betreffende Gericht hatte die präzise Frage gestellt, ob der Junge »minderwertig« sei oder nicht. In meinem Gutachten musste ich zugeben, dass er vom psychiatrischen Standpunkt keineswegs als minderwertig angesehen werden könne; aber ich tat dies nicht, ohne zugleich zu erklären, dass man in dieser seiner konkreten Situation schon überwertig hätte sein müssen, um angesichts solchen Hungers der Versuchung zu widerstehen!

Im 21. Jahrhundert mit seinen atemberaubenden Herausforderungen wird sich genau an dieser »Gabelung« das Geschick der Menschheit entscheiden. Wird für die Mehrheit das »Fressen« wichtiger sein als die »Moral«, wird das Chaos ausbrechen. Wird hingegen trotz verringerter »Fressressourcen« an der »Moral« festgehalten werden, wird die Würde siegen.

Nichts ist eine Selbstverständlichkeit

Die Verwirklichung aller Werte, jede Leistung, setzt voraus, dass eine Entscheidung vorausgegangen ist. Nun stellt man sich im Allgemeinen vor, dass diese Entscheidung nicht nur eine willentliche, sondern auch eine wissentliche sei. Demgegenüber halten wir jedoch dafür, dass es auch unbewusste Entscheidungen gibt. Als unbewusst wären solche Entscheidungen zumindest in dem Sinne zu bezeichnen, dass sie – in ihrem Vollzug – unreflektiert sind.

Anhand eines Beispiels wollen wir dies erläutern: Ein Mensch springt von einer Brücke ins Wasser. Ein anderer springt ihm nach, um ihn zu retten. Nachdem ihm das geglückt ist, fragen wir ihn, wie ihm diese Entscheidung innerlich möglich gewesen sei. Er antwortet uns aber, von einer Entscheidung könne keine Rede sein, vielmehr sei der Versuch einer Lebensrettung für ihn eine Selbstverständlichkeit gewesen. Die Frage, auf die all dies nunmehr hinausläuft, lautet: Ist eine Handlung deshalb, weil sie für einen eine Selbstverständlichkeit ist, keine Leistung? Gingen nicht so und so viele andere Leute im selben Augenblick wie unser Gewährsmann über die Brücke und waren nicht sie gleich ihm Zeugen der Lebensgefahr, ohne dass es ihnen eingefallen wäre, dem Gefährdeten nachzuspringen, also ohne dass dieses Nachspringen für sie die gleiche Selbstverständlichkeit gewesen wäre wie für den andern?

Wir sehen: Dass das Nachspringen für jemanden eine Selbstverständlichkeit ist, ist die Leistung. Denn dass so etwas für einen selbstverständlich ist, ist durchaus keine Selbstverständlichkeit. Das ist ja die Leistung: dass es dazu kommt – dass es einer dahin bringt, dass so etwas für ihn selbstverständlich ist. Nichts *ist* eine Selbstverständlichkeit – alles *wird* eine Selbstverständlichkeit. Oder, um auf unseren Lebensretter zurückzukommen: Einmal in seinem Leben, zumindest ein einziges Mal, hatte dieser Mensch, auch dieser Mensch, sich zu entscheiden.

So zeigt sich denn, dass jede selbstverständliche, unreflektierte und in diesem Sinne unbewusste Entscheidung das letzte Glied einer ganzen Kette von Entscheidungen vorstellt, wobei die jeweils erste Entscheidung, die Urentscheidung, die Vorentscheidung, mehr minder bewusst gewesen sein mag. Mit ihr jedoch, mit dieser Vorentscheidung, fielen die vielen, immer weniger bewussten Nachentscheidungen. Die Entscheidungen wurden immer weniger wissentlich – trotzdem blieben sie willentliche, waren sie freiwillige Entscheidungen.

Sofern, wie wir gesagt haben, der Mensch jeweils »sich« entscheidet – sofern jede Entscheidung in diesem Sinne Selbstentscheidung ist, gilt dies von der Vorentscheidung erst recht. Aus dem immer wieder Gutes-tun wird schließlich das Gut-sein.

KOMMENTAR

Jeder weiß: Gewohnheiten sind zäh. Aus Gewohnheiten heraus handelt man spontan und ohne viel nachzudenken. Deswegen empfiehlt es sich, gelegentlich seine Gewohnheiten kritisch zu überprüfen. Sind sie noch passend? Sind sie nachhaltig fruchtbar? Wenn nicht, raus aus ihnen und umsteigen auf neue Habits! Das ist ein mühevoller Prozess, aber langfristig lohnend!

Worauf es ankommt

Die Freiheit des Menschen schließt dessen Freiheit in sich ein, zu sich selbst Stellung zu nehmen, sich selbst gegenüberzutreten und sich zu diesem Zwecke zunächst einmal von sich selbst zu distanzieren. Für gewöhnlich veranschauliche ich diese wesentlich menschliche Fähigkeit zur

»Selbst-Distanzierung« an Hand einer Anekdote: Während des Ersten Weltkriegs saß ein jüdischer Militärarzt mit seinem Freund, einem aristokratischen Oberst, im Schützengraben, als ein heftiges Bombardement einsetzte. Ihn hänselnd fragte der Oberst: »Jetzt haben Sie aber Angst, nicht wahr? Da sieht man wieder einmal, wie sehr die arische Rasse der semitischen überlegen ist.« Woraufhin der Militärarzt antwortete: »Sicher habe ich Angst. Aber warum sprechen Sie von der Überlegenheit der einen Rasse gegenüber der anderen? Wenn Sie, lieber Oberst, so viel Angst hätten wie ich, wären Sie vielleicht schon längst auf und davon gelaufen.« Worauf es ankommt, ist nämlich tatsächlich nicht die Angst oder was für Gefühle immer wir gerade haben mögen, vielmehr einzig und allein, wie wir zu ihnen Stellung nehmen, also unsere Einstellung. Diese Einstellung jedoch ist jeweils eine eben frei gewählte.

KOMMENTAR

Zugegeben, immens groß ist unsere menschliche Freiheit nicht. Es sind nicht bloß äußere Gegebenheiten, die sie einschränken. Auch innere Faktoren verringern sie. Wie es einem seelisch geht, kann man sich nicht aussuchen. Trotzdem bleibt (bei klarem Bewusstsein) stets eine Restfreiheit offen, wie man sich zu äußeren Gegebenheiten und inneren Faktoren einstellt.

ZUR MÄCHTIGKEIT DER VORGESCHICHTE

Traumata und Druckentlastung

Gegen die Pathogenese der meisten Konflikte spricht schon ihre Ubiquität. Was jedoch die psychischen Traumata anbelangt, glaubt Kloos, dass sie »sich mit einiger Findigkeit und Deutungskunst in jedem Menschenleben nachweisen lassen«. Ich finde, es bedürfte hierzu nicht einmal der Findigkeit. Um diese meine Behauptung mir selbst gegenüber zu verifizieren, habe ich eine diesbezügliche Stichprobe gemacht und meine Mitarbeiterin Lotte Bodendorfer beauftragt, zehn Fälle aus unserem psychotherapeutischen Ambulanzbetrieb darauf hin zu sichten, welche Konflikte, Probleme und psychischen Traumata sich bei ihnen anamnestisch erheben ließen. Das zahlenmäßige Ergebnis lautete: zwanzig. Diese zwanzig Konflikte und so weiter wurden nun nach Kategorien geordnet, woraufhin eine ebenso auslesefreie Reihe psychisch völlig unauffälliger zehn Fälle unserer neurologischen Station im gleichen Sinne perlustriert beziehungsweise exploriert wurden, das heißt, es wurde bei diesen somatisch Kranken nach den gleichen Problemen und so weiter gefahndet.

Das zahlenmäßige Ergebnis bei ihnen belief sich auf einundfünfzig. Diese neurotisch Nichterkrankten hatten also sogar mehr psychische Traumata und so weiter zu erleben gehabt und, um mich eines Ausdrucks von Speer zu bedienen, zu »verarbeiten« vermocht. Kein Wunder im Hinblick darauf, dass ja je ihre somatische Krankheit eine Fülle von Problemen notwendig im Gefolge hatte. Gleichartige und gleich schwere Erlebnisse hatten also die eine Gruppe seelisch geschädigt und die andere nicht; also kann es nicht am Erlebnis, nicht an der Umwelt gelegen sein, sondern am einzelnen Menschen und seiner Einstellung zu dem, was er erfahren musste.

Es hätte also gar keinen Sinn, Neurosenprophylaxe zu betreiben, also die Menschen vor dieser seelischen Erkrankung bewahren zu wollen, indem man ihnen jeden Konflikt erspart und alles Schwere aus dem Wege räumt. Im Gegenteil, eher wäre es angebracht und angezeigt, die Menschen beizeiten sozusagen seelisch abzuhärten. Insbesondere wäre es verfehlt, die seelische Belastung durch Probleme in ihrer pathogenen Bedeutung zu überschätzen; denn es ist eine alte Erfahrungstatsache, dass Situationen äußerer Not und Krise im allgemeinen mit einer Verminderung neurotischer Erkrankungen einhergehen, und auch im Leben des Einzelmenschen zeigt sich häufig genug und immer wieder, dass sich eine Belastung im Sinne von Beanspruchung seelisch eher gesundheitsfördernd auswirkt. Ich pflege das immer zu vergleichen mit der Tatsache, dass ein baufällig gewordenes Gebäude dadurch gestützt und gefestigt werden kann, dass man es belastet. Umgekehrt zeigt sich auch, dass gerade Situationen der Entlastung, also sagen wir der Befreiung von einem langen und schweren seelischen Druck, vom seelisch-hygienischen Standpunkt gefährlich sind. Denken wir doch nur an Situationen wie die Entlassung aus der Gefangenschaft. Nicht wenige Menschen haben erst dann, also erst nach der Entlassung, ihre wahre seelische Krise erlebt, während sie zur Zeit der Gefangenschaft gerade unter diesem äußeren und inneren Druck gezwungen und auch imstande waren, ihr Bestes zu geben und das Äußerste zu leisten, physisch ebenso wie moralisch. Sobald der Druck aber weicht, gar erst, wenn dies plötzlich geschieht, gefährdet diese plötzliche Druckentlastung den Menschen, und diese Verhältnisse erinnern in gewissem Sinne an die sogenannte Caisson-Krankheit, bei der ein Taucher, der zu rasch aus der Tiefe heraufgebracht wird, durch die damit einhergehende plötzliche Herabsetzung des atmosphärischen Drucks lebensgefährlich erkranken kann.

KOMMENTAR

Wer ein schreckliches Schicksal erlitten hat, verdient unser Mitgefühl. Selbstverständlich bleiben von einem Trauma »Nachwehen« zurück, und auch nach »überstandenem« Schicksal braucht es eine Rekonvaleszenz. Was es aber nicht braucht, ist die Zuschreibung einer lebenslangen seelischen Verbiegung im Schatten des Traumas. Die Chance, am Erlebten innerlich zu wachsen, ist groß.

Impotenz als Entscheidungskrise

Ein vierunddreißigjähriger Kranker überreicht eine viele Seiten umfassende schriftliche Selbstschilderung. Darin berichtet er nicht nur von seiner gegenwärtigen schweren Depression und seiner bis zu Selbstmordabsichten gesteigerten Verzweiflung, sondern auch von deren Grund: schwerer Potenzstörung. Über die Vorgeschichte erfahren wir: *Seine Erziehung sei streng gewesen; immer habe es geheißen, das oder jenes sei verboten. Dabei hatte seine Mutter einen Freund, der mit ihr vor den Augen des Patienten ausging, wovon der Vater jedoch nichts wissen durfte*; so sei er frühzeitig Mitwisser eines Geheimnisses geworden, das sich irgendwie um erotische beziehungsweise sexuelle Dinge bewegte. Des Weiteren schildert unser Patient, wie sich schon beim kindlichen Spiel gezeigt habe, dass ihm eine zusehende, passive Rolle besonders liegt. Um so weniger wunderte es uns, wenn wir später lesen, dass sich nach Eintritt der Pubertät seine sexuellen Beziehungen die längste Zeit auf das Betasten und Abgreifen von Mädchen und das »Spielen« mit deren Genitalien beschränkten, während er einem regelrechten Geschlechtsverkehr immer auswich. Schuld daran sei Angst vor jeder Bindung gewesen. Dafür artete jene Form sexueller Betätigung in quantitativer Beziehung aus. Und nun folgt in der Selbstschilderung ein auffallend ausführliches Eingehen auf die diversen Abenteuer, die der Kranke diesbezüglich jemals hatte; mit sichtlichem, wenn auch ihm selber wohl unbewusstem Stolz schildert er detailliert, wie er sich zum Beispiel eines Tages auf der Plattform des Straßenbahnwagens an ein weiter nicht bekanntes Mädchen, das regelmäßig mit ihm fuhr, heranmachte, und wie er seine mitfahrenden Kollegen – sich damit brüstend – darauf noch aufmerksam machte; oder wie er ein andermal (angeblich) das Genitale eines im finsteren Kino neben ihm sitzenden Mädchens berührte, triumphierend darüber, dass ihr Begleiter davon nichts merkte.

Seine Impotenz sei, wie er ausdrücklich und spontan bemerkt, immer dann eine komplette gewesen, wenn er entweder »auch nur den leisesten Druck seitens eines Mädchens spürte« oder, ebenso typischerweise, wenn er mit einem Mädchen ein Stundenhotel aufsuchte. Nachdem eine Injektionskur, aber auch eine psychotherapeutische Behandlung von fachärztlicher Seite, ohne Erfolg geblieben war, habe er sich schließlich geschworen, jene Frau sofort zu heiraten, bei der er das erste Mal potent sein würde. So geschah es auch. Alsbald habe seine Potenz jedoch nachgelassen; derzeit sei er überhaupt nur dann halbwegs potent, wenn er während des Verkehrs mit der Gattin an seine sexuellen Spielereien mit anderen Mädchen denke.

Der Kranke beruft sich nun immer wieder auf Dinge wie »Triebe – Gewohnheiten – Willensschwäche«, und es muss alle psychotherapeutische Mühe zunächst darauf angewendet werden, ihm eindringlich und entschieden klarzumachen, dass es sich bei all dem um nichts anderes als um fatalistische Konstruktionen handelt, die ihn in seinen eigenen Augen in tragischem Lichte erscheinen lassen sollen. Eigentliche Tragik liege in Wirklichkeit aber gar nicht vor. Er habe sich vielmehr nur zu entscheiden: entweder für seine Frau – die, wenn auch »nur menschlich«, zu lieben er zugibt beziehungsweise vorgibt – oder aber für seine sexuellen Halbheiten! Sobald er sich jedoch für erstere entschieden hätte, habe er zu dieser Entscheidung auch zu stehen, und das heißt, er müsse sich dann nicht nur in Worten zu seiner Frau bekennen, sondern auch zu Opfern bereit sein – zum Verzicht auf ein Nachgeben gegenüber seinen »polygamen Neigungen«. Liebe er wirklich, dann werde es ihn dazu nachgerade drängen, ein solches Opfer zu bringen.

Was wir damit versuchen, wäre also eine Überbrückung und Überwindung der allgemeinseelischen (und nicht nur sexuellen) Fehlhaltung des Kranken, wie sie sich hauptsächlich in seiner Art, passiv zu sein oder auf halbem Wege stehenzubleiben, dokumentiert, daneben aber auch in seiner Scheu vor Verantwortung und Bindungen, der wohl die Angst, sich zu verlieren, zugrunde liegt; jedoch die ganze seelische, im Besonderen aber die sexuelle Entwicklung unseres Patienten war dermaßen »verfahren«, dass die resultierende sexuelle Störung nur mehr durch eine Art geistiger Umstellung noch behebbar erscheinen konnte – durch eine Umstellung des ganzen Menschen in der ganzen Tiefe seiner geistigen Person und in der ganzen Fülle seiner persönlichen Beziehungen. Nur von der Wiederaufrichtung der schlechthin menschlichen Hingabebereitschaft ließ sich eine Wiederherstellung der sexuellen Hingabefähigkeit erwarten. Solange er seiner Frau nicht als Mensch dem Menschen zu begegnen vermag, ist er auch außerstande, der Gattin als Gatte zu begegnen; sobald er jedoch, aus der vollendeten Einsicht in die menschliche Unwürdigkeit seiner sexuellen Halbheiten heraus, die menschliche Beziehung zu seiner Frau ins Reine gebracht haben wird, wird normale Potenz sich über kurz oder lang von selbst ergeben.

Schade, dass Frankl nicht erzählt hat, ob sein therapeutischer Plan aufgegangen ist. Ich weiß jedoch, dass er sich einer hohen Erfolgsquote rühmen durfte. Das lag daran, dass er sein ärztliches Wirken mit philosophischen Aspekten verknüpfte, die seine Patienten aufmerken ließen und ihnen neue Perspektiven gewannen. Wenn er sie über »die eigentliche Liebe« belehrte, waren sie zutiefst gerührt.

Tic als unbewusster Protest

Die psychopathisch-konstitutionelle Grundlage bei Neurosen ist (pädagogisch und therapeutisch) durchaus kompensierbar. Wie denn die Neurose überhaupt vielleicht nichts anderes ist als eine »Dekompensationserscheinung«, die Dekompensation einer »insuffizienten Konstitution« (Ernst Kretschmer). Es kann unter Umständen darum gehen, durch die Logotherapie dem Kranken jenen besonders festen geistigen Halt zu vermitteln, den der gesunde Alltagsmensch weniger, der seelisch Unsichere jedoch dringend benötigt, eben zur Kompensation seiner Unsicherheit. Einmal im Leben steht jeder Psychopath am Kreuzweg dieser Entscheidung zwischen der blanken Disposition und andererseits deren Ausgestaltung zur eigentlichen Psychopathie. Vor dieser Entscheidung wäre er daher eigentlich auch noch gar nicht als Psychopath zu bezeichnen: Das, woraus seine Psychopathie erst wird, werden kann, aber nicht werden muss, könnten wir im Gegensatz zur Psychopathie »Psycholabilität« nennen.

Nach diesem Vorbehalt in ätiologischer Hinsicht, dieser *Reservatio mentalis* hinsichtlich der Psychogenese psychogener Neurosen, also solcher im engeren Wortsinn, wenden wir uns zu der Kasuistik:

Maria ... leidet an einem Tic, der situationsgebunden ist: Wann immer sie, die eine Filmschauspielerin ist, photographiert werden soll, wirft sie unwillkürlich den Kopf in den Nacken; sie bewegt sich also trotzdem – sie trotzt, indem sie sich bewegt; tatsächlich repräsentiert ihr Tic – im Sinne »symbolischer Repräsentanz« (E. Straus) – eine Geste des Trotzes; wogegen lehnt sie sich auf? Eine Narkoanalyse bleibt ohne Effekt; aber am nächsten Tag in der Sprechstunde erinnert sich Patientin – ohne Narkoanalyse – daran, dass der Tic erstmalig aufgetreten ist, als beim Photographieren ein Kollege anwesend war, mit dem sie in der vergangenen Nacht ihren Gatten betrogen hatte; schließlich fällt ihr ein, das allererste Mal sei der Tic aufgetreten, als beim Photographieren ihre Mutter ihr gegenüberstand; die weitere Anamnese ergibt folgendes: »Der Vater hat gesagt: ›Maria, komm zu mir auf den Schoß.‹ Die Mutter hat gesagt: ›Du bleibst sitzen.‹ Der Vater hat gesagt: ›Steh auf und gib mir einen Kuss!‹ Die Mutter hat gesagt:

›Nein, sie bleibt sitzen.‹ Bleib sitzen und du kommst her, von beiden Seiten, ist mein ganzes Leben immer so gewesen. Auch schon als Kind habe ich es so gemacht, in der Schule und zu Hause, oder mit dem Fuß gestampft.« Man darf annehmen, wäre Patientin nicht Filmschauspielerin, sondern Mannequin geworden und hätte sie als solches mit Nylonstrümpfen posieren müssen, so hätte sie einen Tic in Form des Aufstampfens bekommen. Zusammenfassend ergibt die Analyse folgendes: Der Photograph, neben den die Mutter getreten war, vertritt die Mutter im Sinne der Mutterimago, während der Filmschauspieler, der während des Photographierens neben der Patientin gestanden war, in dieser Gegenüberstellung zur Mutter beziehungsweise zur Mutterimago für den Vater steht, also eine Vaterimago ist. Tatsächlich behauptet Patientin spontan, ihr Kollege habe sie an den Vater erinnert. Dass der Photograph die Mutter repräsentiert oder zumindest jene Instanz, die es verbietet, dem Vater und künftigen Vaterimaginibus auf den Schoß zu hüpfen, lässt ebenso verstehen, dass gerade auf seine Funktion hin mit dem Tic reagiert wird, wie dass dies erstmalig gerade in dem Augenblick geschieht, in welchem eine solche Vaterimago neben der Patientin steht, also *das polare Kraftfeld zwischen Mutter- und Vaterimago konstelliert wird.* Diese Konstellation ist deshalb pathogen, weil *der aktuelle mit einem infantilen Konfliktstoff koinzidiert.* Auf die Frage nach ihrem Gatten erklärt Patientin, dass er sie maßlos tyrannisiert. Das Joch, das abzuschütteln der Tic scheint, ist also das der Ehe. Aber auch in diesem Falle ist die Erwartungsangst mit im Spiel, denn Patientin gibt zu, die Wiederkehr des Tics nach dessen erstem Auftreten nicht nur immer mehr erwartet, sondern gefürchtet zu haben. Die Therapie versuchte, an die Stelle einer Entladung von Groll, Ressentiment und so weiter in Form des Tics eine Entspannung treten zu lassen, eine therapeutische Kombination, nicht unähnlich der von Bildstreifendenken und Logotherapie, wie sie Betz vorgeschlagen und »Logotherapie in Symbolen« genannt hat. In diesem Sinne wurde die Patientin im Rahmen von Entspannungsübungen angewiesen, ihren unbewussten Protest durch eine bewusste Entscheidung zu ersetzen, die auf Grund ihrer Verantwortung für das und vor dem Kind zu entscheiden war, das ihr »über alles ging«.

KOMMENTAR

Die Vorgeschichte der Patientin ist durch elterliches Ambivalenzverhalten getrübt. Was zählt, ist jedoch ihre Gegenwart. Statt mit Überreaktionen zu protestieren, ist es sinnvoller, sich zu entspannen, beim Gefilmt-werden Ruhe zu bewahren, sich vom Ehemann nicht mehr tyrannisieren zu lassen und dem geliebten Kind eine tauglichere Kindheit zu bescheren, als es ihre eigene war.

Ursache oder Wirkung?

Was ist die endogene Depression an sich? Sie bleibt trotz alledem etwas Somatogenes – eine »Somatose«. Und zwar lässt sie sich vielleicht am treffendsten charakterisieren als vitale Baisse. Es mag aber auch statthaft sein, von einer Ebbe des »Biotonus« (Ewald) zu sprechen.

Wie ist es nun, wenn bei Ebbe ein Riff sichtbar wird? Trotzdem wird wohl niemand die Behauptung wagen, das Riff sei – die Ursache der Ebbe; umgekehrt: durch die Ebbe wird es erst bloßgelegt. Aber ist es denn anders mit dem Abgrund zwischen Sein und Sollen? Wird nicht auch er nur sichtbar, nur bloßgelegt durch die endogene Depression – durch diese vitale Ebbe? So gilt denn: *So wenig die Ebbe durch ein Riff, das da auftaucht, verursacht wird, so wenig wird eine Psychose durch ein psychisches Trauma, durch einen Komplex oder einen Konflikt verursacht.*

Um beim Gleichnis von der Ebbe zu bleiben: nimmt die Ebbe zu, so gewinnt das Riff an Ausdehnung. Analoges zeigt sich bei der vitalen Ebbe, endogene Depression genannt. So ist uns eine endogen depressive Patientin bekannt, die im Ersten Weltkrieg aushilfsweise, eingerückte männliche Kollegen ersetzend, Postangestellte geworden war und Jahrzehnte später gelegentlich einer endogen-depressiven Phase anamnestisch angab, sie hätte damals einen ganzen Postsack gestohlen. Nun kommt bekanntlich Realschuld in den wahnhaften Selbstvorwürfen endogen-depressiver Patienten kaum jemals vor.

Tatsächlich ergab näheres Befragen, dass sich der Diebstahl auf einen alten, leeren Postsack – ohne Poststücke! – bezog. Dass der Patientin dieses minimale Delikt überhaupt einfällt, ist bereits Auswirkung der endogenen Depression, nicht aber Ursache. Weder die große subjektive noch die kleine objektive Schuld waren in diesem Falle pathogen; sie waren nur pathognomonisch.

KOMMENTAR

Bei depressiven Personen ist man geneigt, sogleich nach Gründen ihrer Verstimmung zu fahnden. Insbesondere Angehörige plagen sich oft damit herum. Deshalb ist es wichtig, sie darüber aufzuklären, dass es eine Depressionsform gibt, die keinen Grund, sondern nur eine neurochemische Ursache hat, an der niemand (auch der Kranke selbst nicht) schuld ist.

WECHSELWIRKUNG VON LEIB UND SEELE

Die Stimme

Anfang März 1945 erzählte mir ein Konzentrationslagerkamerad, er hätte am 2. Februar 1945 einen merkwürdigen Traum gehabt. Eine Stimme, die sich als prophetisch ausgab, sagte ihm, er möge sie etwas fragen – sie könne ihm alles sagen. Und er fragte sie, wann für ihn der Krieg zu Ende sein werde; die Antwort lautete: am 30. März 1945. Nun, dieser 30. März nahte heran, aber es sah keineswegs so aus, als ob die »Stimme« recht behalten sollte. Am 29. März wurde mein Kamerad febril und delirant. Am 30. März wurde er bewusstlos. Am 31. März starb er: Das Fleckfieber hatte ihn hinweggerafft. Tatsächlich war am 30. März – an jenem Tage, an dem er bewusstlos geworden war – »für ihn« der Krieg zu Ende. Wir gehen wohl nicht fehl, wenn wir annehmen, dass durch die Enttäuschung, die ihm der wirkliche Verlauf der Dinge bereitet hatte, die Immunlage, die Abwehr und Widerstandskraft des Organismus dermaßen abgesunken war, dass die in ihm bereits schlummernde Infektionskrankheit nunmehr nur allzu leichtes Spiel hatte.

Das Beispiel zeigt, dass sich Hoffnung nicht auf etwas ganz Bestimmtes richtet oder richten soll, sondern darauf, dass es schon »irgendwie gut« sein wird, wie es auch kommen mag. Fokussiert jemand seine Hoffnung stattdessen auf ein gewünschtes Event, dann schwimmt die Enttäuschung in ihrem Sog mit und schlägt zu, wenn das gewünschte Event nicht eintritt.

Scheinbar körperlich bedingt …

Hans H., fünfunddreißig Jahre. Vor zwei Jahren, im Anschluss an eine fieberhafte Erkrankung, erstmaliges Auftreten einer Gangstörung. War zweimal in einer Nervenheilanstalt, wo das erste Mal der Verdacht auf multiple Sklerose ausgesprochen, das zweite Mal jedoch – auf den günstigen therapeutischen Effekt von Hochfrequenzbestrahlungen hin – ein funktionelles Zustandsbild angenommen wurde. Ein Nervenspezialist, bei dem er ebenfalls in Behandlung stand, verordnete Hormoninjektionen. Alles ohne Effekt. Derzeit lässt sich Patient von einem Kurpfuscher behandeln. Patient zeigt eine Gangstörung, die etwa an die eines schweren Falles von Erbscher Muskeldystrophie erinnert; er vermag überhaupt nur mit Hilfe zweier Krücken zu gehen. Dabei erweist sich der objektive neurologische Befund als durchaus negativ. Patient wird nun in der Vorlesung von mir demonstriert, wobei ihm versprochen wird, er werde »ein Serum« injiziert erhalten, das – wie die Hörer bezeugen könnten – bereits in anderen Fällen ausgezeichnet gewirkt hätte. Daraufhin werden fünf ccm Pentothal-Sodium (schwächere Dosierung) langsam injiziert und Patient fortlaufend nach subjektiven Sensationen befragt. Er meldet nun, er spüre eine Leere im Kopf; dies machen wir uns sofort zunutze, indem wir ihm auseinandersetzen, die Leere im Kopf rühre davon her, dass nunmehr alle »Nervenkraft« vom Gehirn zu den Beinen hinabziehe – alsbald werde er fühlen, wie die »Lebenskraft« sich in den Beinen »konzentriere«; ob er es denn nicht ohnehin schon merke? »Ja – aber vorerst nur in den Oberschenkeln.« Nach wenigen Minuten – die ich mit entsprechenden, aber durchwegs indirekten, »larvierten« Verbalsuggestionen ausfülle – gibt Patient endlich an, die »Nervenkraft« habe die distalen Partien der unteren Extremitäten erreicht. Er wird aufgesetzt, es wird ihm aufgetragen, aufzustehen und – im Hörsaal – umherzugehen, es wird ihm versichert, dass dies ohne weiteres gelingen werde – und es gelingt: ohne Krücken und, nach einigem Zögern beziehungsweise suggestiver Aufmunterung, auch ohne Unterstützung geht er ganz normal und läuft freudestrahlend seiner Frau, die ihn zu uns begleitet hatte, in die Arme. Er verabschiedet sich von uns und bedankt sich für die »Wunderheilung« bei jenem Kollegen, der die Injektion vorgenommen hatte.

KOMMENTAR

Na, mutig waren beide! Frankl beim Wagnis, allein auf Suggestionsbasis (plus einem harmlosen Placebo) darauf zu vertrauen, dass der Patient seine eingeschliffenen Ängste und Hemmungen überwinden werde. Und der Patient beim Wagnis, den Worten des Arztes zu vertrauen und die ungewohnten Schritte ohne Gehhilfen zu absolvieren. Vertrauen versetzt Berge!

Scheinbar seelisch bedingt ...

Sollten wir das Recht haben, die traumatogene Ätiologie einer anscheinend psychosomatischen Erkrankung wenigstens *ex juvantibus* zu erhärten? Davor kann ich nur warnen: Ich erwähne nur den Fall einer einundzwanzigjährigen Patientin, die wegen einer von ärztlicher Seite als hysterisch diagnostizierten Harnretenz ausdrücklich mit der Bitte um Durchführung einer Hypnosebehandlung an uns gewiesen wurde. Die Anamnese schien, bei oberflächlicher Betrachtung, der Vermutung der zuweisenden Ärzte, es handle sich um eine rein psychogene Störung, recht zu geben: Die Patientin wurde vor sechs Wochen defloriert. Die Defloration selbst war sowohl psychisch als auch physisch traumatisierend. Kurze Zeit hernach trat nun ein völliges Unvermögen zum spontanen Urinieren auf, so dass die Kranke seither täglich mehrmals katheterisiert werden musste. Wiederholte urologische Untersuchungen verliefen ebenso negativ wie diverse Versuche einer Therapie auf medikamentöser Grundlage (Injektionen und so weiter) sowie mit Hilfe hydriatischer Prozeduren. Tatsächlich zeitigte die wunschgemäß durchgeführte Hypnose bei der Kranken einen vollen Erfolg (vom gleichen Tage an konnte sie spontan urinieren und musste kein einziges Mal mehr katheterisiert werden); trotzdem hatten wir aber irgendwie den Eindruck, es handle sich keineswegs um eine rein psychogene Störung. Und tatsächlich stellte sich nach weiteren mehrfachen urologischen Untersuchungen, die wir urgiert hatten, heraus, dass eine organische Affektion der scheinbar funktionellen Störung zugrunde lag.

Mit anderen Worten, die Diagnose einer psychosomatischen Substruktion darf nicht *ex juvantibus* gestellt werden. Und dies gilt nicht nur hinsichtlich irgendwelcher anamnestisch zutage geförderten Traumen, sondern auch hinsichtlich eines sichtlich psycholabilen Persönlichkeitstypus: Ich kenne unter anderen ähnlichen Fällen den einer Patientin, die über Schmerzen klagte, wobei ihre Beschwerden ein ausgesprochen hysterisches Gepräge zeigten; eine Injektion physiologischer Kochsalzlösung – ich möchte sie in diesem Falle lieber als »psychologische

Kochsalzlösung« bezeichnen – hatte auch prompten Erfolg. Trotz alledem wurde eine Röntgenkontrolle veranlasst, und sie ergab eine Metastase.

KOMMENTAR

Man kann in der Psychotherapie diagnostisch nicht vorsichtig genug sein. Deswegen habe ich meinen nicht-ärztlichen Schülerinnen und Schülern auf die Seele gebunden, auch bei offensichtlich psychogenen Störungen auf ärztliche Kontrolltests nicht zu verzichten. Es wäre ein Kunstfehler, mit Gesprächen beheben zu wollen, was organisch aus der Balance ist.

Psychosomatik

Es ist uns der instruktive und illustrative Doppelfall einer psychosomatischen Angina bekannt, und zwar betrifft er einen Kliniker und dessen Assistenten: Beide bekommen, wenn sie überhaupt an einer Angina erkranken, letztere an einem Donnerstag. Der Assistent bekommt sie nämlich an einem Donnerstag dann, wenn er am darauffolgenden Freitag einen wissenschaftlichen Vortrag halten soll – was bei ihm immerhin eine gewisse Aufregung bedeutet. Der Kliniker jedoch bekommt seine Angina – wenn er eine bekommt – ebenfalls am Donnerstag einfach deshalb, weil er am Mittwoch immer seine Vorlesungen zu halten hat. An diesem Tage ist er jeweils noch anginös. Zwar haben wir alles Recht anzunehmen, dass an diesem Tage der Infekt bereits schlummert; aber er bricht nicht aus. Der Kollege kann es sich einfach nicht leisten, an seinem Vorlesungstag zu erkranken, und der Ausbruch der Krankheit, der schon fällig ist, wird aufgeschoben.

Aber wir können statt einer Krankengeschichte auch die Literaturgeschichte in die Debatte ziehen: Goethe arbeitete sieben Jahre am Manuskript des *Faust II*; im Jänner 1832 verschnürte er dieses Manuskript und setzte sein Siegel darauf – im März 1832 starb er. Wir gehen gewiss nicht fehl in der Annahme, Goethe habe einen Großteil dieser sieben Jahre, wenn ich so sagen darf, über seine biologischen Verhältnisse gelebt. Hier war es nicht ein Leiden, sondern sogar das fällige, ja überfällige Sterben, das da aufgeschoben wurde, bis des Lebens Werk vollendet war.

So hätte ich denn gezeigt: *Die psychosomatische Medizin lässt uns viel weniger verstehen, warum da einer krank wird, als vielmehr, warum da einer gesund bleibt* (vergleiche den Fall eines Kollegen, der in schwer ermüdetem, überarbeitetem Zustand aufgefordert wurde, sich einer alpinen Rettungsexpedition anzuschließen, die ein paar Stunden in Anspruch nahm; unmittelbar nachdem er seine ärztliche Pflicht erfüllt hatte, kollabierte er und hatte Mühe, sich im Fels in Sicherheit zu bringen; dass es überhaupt zu einem Kollaps gekommen war, ist nur allzu verständlich, und zwar auch ohne eine psychosomatische Medizin; allein, dass es nicht um eine Sekunde früher dazu gekommen war, als bis der Kollege seine Aufgabe erfüllt hatte – dies ist nur psychosomatisch zu erklären). Zumindest in den zuletzt dargelegten Fällen ließe sich mit mehr Recht als von psychosomatischer Erkrankung von psychosomatischer Gesundheit sprechen. Diesbezüglich kann uns die psychosomatische Medizin wirklich wertvolle Hinweise geben. Eben damit aber rückt sie auch aus der Sphäre notwendiger Krankheitsbehandlung hinüber in die Sphäre möglicher Krankheitsverhütung. Ist doch klar, dass es dort, wo es eine Auslösung vom Seelischen her gibt, auch eine Verhütung von dort her geben muss.

KOMMENTAR

Es ist faszinierend, Beispiele von »psychosomatischer Gesundheit« zu sammeln. Mütter werden kaum bettlägerig, solange sie Kleinkinder zu betreuen haben. Sport- oder Kulturprofis erkranken fast nur *nach* wichtigen Aufführungen. Wissenschaftler oder Einsatzkräfte arbeiten im Endspurt eines Projekts Tage und Nächte lang ohne Schäden. Sinnerfüllung hält erstaunlich vital!

KRITIK PSYCHOTHERAPEUTISCHER IRRWEGE

Analytische Spiegelfechterei

Es sündigt der analytische Psychologismus auf doppelte Weise wider das Geistige im Menschen: wider das subjektive Geistige, die geistige Person, und wider das objektiv Geistige, die objektiven Werte. Mit einem Wort: Er macht sich nicht nur einer Depersonalisation, sondern auch einer Derealisation schuldig, so zwar, dass es zu gleicher Zeit mit der Verfälschung eigentlichen Menschseins zu einer Verkennung des primordialen Welthabens des Menschen kommt – zu gleicher Zeit mit der Subjektivierung des Objekts kommt es zu einer Immanentisierung des Insgesamts der Objekte, der Welt. Mit einem Wort: Es kommt zu jener Binnenhaftigkeit des Seelischen, von der Philipp Lersch anklagend spricht.

An Hand eines konkreten Falls soll dieser Weltverlust infolge einer Immanentisierung der Gegenstandswelt, der sich im Gefolge psychoanalytischer Behandlung so gern etabliert, erläutert werden: Ein amerikanischer Diplomat, der nicht weniger als fünf Jahre lang in New York in psychoanalytischer Behandlung war, wandte sich an uns. Er war von dem einen Wunsch beseelt, seine diplomatische Karriere aufzugeben beziehungsweise in eine industrielle Branche hinüberzuwechseln. Der ihn behandelnde Analytiker jedoch hatte ihn die ganze Zeit über, wenn auch vergebens, dazu zu bewegen versucht, sich endlich einmal auszusöhnen mit – seinem Vater: der Chef sei nämlich »nichts als« eine Vater-Imago, und das ganze Ressentiment und all der Groll gegenüber dem Amt stamme eben vom unversöhnlichen Kampf des Patienten gegen dessen Vater-Imago. Die Frage, ob der Chef nicht wirklich verdient hätte, vom Patienten abgelehnt zu werden, und ob es nicht wirklich zu empfehlen wäre, dass der Patient seine diplomatische Karriere aufgibt beziehungsweise seinen Beruf wechselt, war kein einziges Mal aufgetaucht, die langen Jahre hindurch, in denen die Spiegelfechterei des Analytikers Arm in Arm mit dem Patienten gegen die Imagines gedauert hatte. Als ob es jedermanns Sache wäre, Amtsschimmelreiter zu sein, und als ob es nichts gäbe, das würdig wäre, getan und geleistet zu werden, auch wenn es nicht imaginären Personen zuliebe – oder zum Trotz –, sondern realer Sachen wegen getan und geleistet wird … Aber vor lauter Imagines war keine Realität mehr zu sehen; längst war sie den Blicken des Teams »Analytiker – Patient« entschwunden: es gab weder den wirklichen Chef noch das wirkliche Amt noch die Welt jenseits aller Imagines – eine Welt, der unser Patient verpflichtet war, eine

Welt, deren Aufgabe und Forderungen einer Lösung harrten: Die Analyse hatte den Patienten in eine weltlose Art und Weise der Selbstdeutung und des Selbstverstehens gelotst – ich möchte zu sagen wagen: in ein monadologistisches Menschenbild; denn zur analytischen Sprache gekommen war nur noch der unversöhnliche Trotz des Patienten gegenüber dessen Vater-Imago; aber es war nicht schwer zu erheben, dass der diplomatische Dienst und die Laufbahn des Patienten, wenn ich so sagen darf, seinen Willen zum Sinn frustriert hatten.

Hand in Hand mit der Subjektivierung des Objekts und der Immanentisierung der objektiven Welt geht, was im Besonderen die Welt des Sinnes und der Werte anlangt, eine Relativierung der Werte; denn die Welt wird nicht nur, im Laufe der die Depersonalisation konkomitierenden Derealisation, entwirklicht, sondern auch entwertet: Die Derealisation besteht im Besonderen in einer Devalorisation. Die Welt verliert ihr Wertrelief; denn die Werte fallen einer Nivellierung zum Opfer.

KOMMENTAR

Das ist ein komplizierter Text, der sich an Hand des Diplomatenbeispiels lichtet. Im Prinzip warnte Frankl vor psychologistischen Deutungen, die an der Person und ihrer Lebenswirklichkeit vorbeischrammen. Ein geschickter Therapeut muss zwischen vorgeschobenen Aussagen und wahren

Anliegen seiner Patienten unterscheiden können beziehungsweise sollte wahre Anliegen niemals zerpflücken!

Entwertung echter Motive

Eine Definition der Werte besagt, dass es sich um nichts als Reaktionsbildungen und Abwehrmechanismen handelt. Auf diese Interpretation habe ich selbst einmal »reagiert«, indem ich sagte, ich wäre nie und nimmer bereit, für meine Reaktionsbildungen zu leben oder gar für meine Abwehrmechanismen zu sterben. Wir sollten aber bedenken, was es für einen jungen Menschen bedeutet, wenn auf diese Art und Weise Phänomene wie Sinn und Werte auf die Prokrustes-Couch gelegt werden. Ich kenne den Fall eines jungen amerikanischen Ehepaars, das soeben aus Afrika zurückgekehrt war, wo die beiden im Rahmen des Peace Corps gedient hatten. Sie kamen enttäuscht und verbittert zurück. Es stellte sich heraus, dass sie Monate hindurch an den Sitzungen einer Gruppe hatten teilnehmen müssen, die von einem Psychologen arrangiert worden war. Einleitend hatte anscheinend eine Art Inquisition stattgefunden. Der Psychologe: »Warum sind Sie dem Peace Corps beigetreten?« Das Ehepaar: »Wir wollten Leuten helfen, die es weniger gut haben als wir.« Er: »Das heißt, dass Sie ihnen überlegen sein müssen.« Sie: »Irgendwie.« Er: »Und das heißt, dass

Sie es nötig haben, Ihre Überlegenheit unter Beweis zu stellen. Ihr wirkliches Motiv ist also das unbewusste Bedürfnis, sich selbst und den anderen zu beweisen, wie überlegen Sie ihnen sind.« Sie: »Wir haben es niemals von dieser Warte aus gesehen, aber Sie sind immerhin ein Psychologe, Sie müssen es also besser wissen.« Und in dieser Art wurden die Gruppensitzungen fortgesetzt. Die Mitglieder der Gruppe lernten es, ihren Enthusiasmus für das Peace Corps, ihre opferbereite, mit Verzichten und Entbehrungen erkaufte Hingabe an eine Aufgabe als einen bloßen Komplex zu verstehen. Das Schlimmste aber war, wie unser Gewährsmann versicherte, dass die jungen Leute, die einer solchen Indoktrination ausgesetzt und ausgeliefert waren, es lernten, sich ihre »wirklichen« Motive auch gegenseitig an den Kopf zu werfen. Motive wurden von vornherein nicht ernst genommen, nichts wurde für echt gehalten, alles wurde als Ergebnis und Ausdruck unbewusster Psychodynamik interpretiert, und eine kollektive Zwangsneurose wurde heraufbeschworen, aus der heraus alle sich gegenseitig und vor allem jeder sich selbst belauerte und beobachtete. »Ex-patients analyze their motives in all situations when they feel anxious: This must be penis-envy, this must be incestuous attraction, castration fear, Oedipal rivalry, polymorphous perversity and so on«, hat einmal ein prominenter Psychoanalytiker geschrieben. (»Ehemalige Patienten analysieren ihre Motive, wann immer sie nervös werden:

Das eine Motiv ist in Wirklichkeit Penisneid, hinter dem anderen steht der Inzestwunsch, die Kastrationsfurcht, der Ödipuskomplex, polymorphe Perversität oder was immer.«)

KOMMENTAR

Seit der psychoanalytische Boom im Sinkflug ist, sind die Fachärzte und Psychologen mit ihren Interpretationen vorsichtiger geworden. Doch leider kommt es immer noch zu ernsthaften Entwertungen, wenn zum Beispiel Patienten darüber »aufgeklärt« werden, dass ihre Hilfsbereitschaft bloß Symptom eines Helfersyndroms oder ihre Toleranz bloß Mangel ihres Durchsetzungsvermögens ist.

Gefahr einer Fehldiagnose

In vielfacher Hinsicht instruktiv, will uns scheinen, ist der folgende Fall: Es handelt sich um eine jugendliche Patientin aus dem Ausland, die dort sechs Jahre lang sechs Stunden in der Woche von einer Psychoanalytikerin behandelt worden war und dann aus äußeren Gründen die Behandlung abbrechen musste; nachdem sie dies der Psychoanalytikerin angekündigt hatte, erklärte letztere, von einer Unterbrechung könne überhaupt nicht die Rede sein, da die Analyse eigentlich noch gar nicht begonnen habe, vielmehr am Widerstand der Patientin gescheitert sei. Von uns wurde in diesem Falle eine Hypokortikose mit Depersonalisation im Vordergrund diagnostiziert, und auf die Medikation von Desoxykortikosteron hin »ging es der Patientin«, wie der Bericht der behandelnden Hausärztin lautet, »alsbald nicht nur hinsichtlich der Depersonalisation, sondern auch körperlich besser« (die Patientin war zur Zeit des Beginns unserer Behandlung bettlägerig gewesen); »sie hat«, so heißt es weiter, »an Gewicht zugenommen, ist nicht mehr anfällig, hat eine Dissertation fertiggebracht und keiner Behandlung mehr bedurft.«

Wieder einmal zeigt sich: Um eine Neurose diagnostizieren zu können, müssen wir zunächst eine somatogene Pseudoneurose ausschließen – dies ist notwendig*; möglich aber ist es nur für einen klinisch voll ausgebildeten Arzt. Sosehr jedoch der Ausschluss einer somatogenen Pseudoneurose die notwendige Bedingung darstellt für die Diagnose einer echten (psychogenen) Neurose, sowenig ist diese notwendige Bedingung auch schon eine hinreichende Bedingung; denn bloß auf Grund dessen, dass eine somatogene Pseudoneurose ausgeschlossen werden kann, darf noch lange nicht eine (psychogene) Neurose diagnostiziert werden. Mit anderen

* Vgl. T. Riechert/R. Hemmer, »Pseudoneurotische Zustandsbilder bei Gehirntumoren«, *Münch. med. Wschr.* 98/1956, S. 543–547: Von 584 operativ bestätigten Hirngeschwülsten wurden 33 unter der Diagnose einer Neurose behandelt.

Worten: Es ist unstatthaft, die Diagnose Neurose per exclusionem zu stellen.

KOMMENTAR

Die Erstellung einer psychiatrisch-psychologischen Differentialdiagnose ist eine große Verantwortung. Deshalb sollten sich im Zweifel die Fachkräfte miteinander beraten und nicht auf einmal gefassten Meinungen beharren. Aber auch die Patientinnen und Patienten sollten sich nicht scheuen, mehrere Fachkräfte zu konsultieren, um zur richtigen Therapie zu gelangen.

Ein Sortiment von Ausreden

Dem Kriminellen verhilft der Deduktionismus zu einem Alibi. Nunmehr sind es psychodynamische Mechanismen oder konditionierende Prozesse, auf die sich die Verantwortung abwälzen lässt. Zum Wesen des Menschen gehört aber nicht nur die Freiheit, schuldig zu werden, sondern auch die Verantwortung dafür, über die Schuld hinauszuwachsen. In diesem Sinne habe ich einmal auch vor den Gefangenen von San Quentin gesprochen, nachdem mich der Direktor dieses kalifornischen Zuchthauses zu einem Vortrag eingeladen hatte. Joseph B. Fabry von der University of California, der mich dorthin begleitet hatte, hat die Reaktion der Gefangenen – in San Quentin sind nur Schwerverbrecher untergebracht – beschrieben: »Die Psychologen fragen uns immer nach unserer Kindheit aus und nach all dem Schrecklichen, das es in der Vergangenheit gegeben hat. Immer die Vergangenheit – es ist nicht mehr auszuhalten –, immer die Vergangenheit; sie drückt uns nieder wie ein Mühlstein, den wir mit uns herumschleppen. Die meisten von uns hören sich gar nicht mehr die Vorträge von Psychologen an. Ich hab' mir den Vortrag von Frankl nur angehört, weil ich gelesen hab', dass auch er einmal ein Gefangener gewesen ist.« Weitere Kommentare waren die folgenden: »Man behandelt uns wie hoffnungslose Verbrecher oder wie Psychopathen, hier im Gefängnis, aber auch draußen, und so geben wir es schließlich auf, es einmal andersherum zu probieren. Wozu auch? Frankl hat etwas ganz anderes gesagt. Nach dem, was er sagt, liegt es durchaus an mir, mich zu ändern.«*

Vor mir liegt ein Brief der »Nummer« 87084. Er kommt aus dem Zuchthaus von Illinois. Und da heißt es: »The criminal never has a chance to explain himself. He is offered a variety of excuses to choose from. Society is blamed and in many instances the blame is put on the victim.« (»Der Kriminelle hat keine Gelegenheit, sich verständlich zu machen. Was ihm einzig und allein geboten wird, ist ein Sortiment von Ausreden, zwischen denen er wählen kann.

* Joseph B. Fabry, *Das Ringen um Sinn. Eine Einführung in die Logotherapie*, Freiburg im Breisgau 1980.

Schuld ist die Gesellschaft, und in vielen Fällen wird die Schuld sogar aufs Opfer geschoben.«)

KOMMENTAR

Kriminelle Personen werden nicht ohne Grund verurteilt. Dennoch scheint es mir die schlimmste »Verurteilung« zu sein, ihnen zu suggerieren, dass aus ihnen (bei *ihrer* Herkunft und Vergangenheit) nichts anderes als ein verbrecherisches Individuum hat werden können. Wie viel besser wäre es, ihnen nahezulegen, dass noch ganz andere Chancen in ihnen schlummern!

Aggressionen loswerden?

Im Besonderen ist die *pseudohumanistische Psychologie* noch immer nicht frei von der von Peter R. Hofstätter mit Recht so gegeißelten »Libidohydraulik«, der Auffassung vom Menschen als einem Wesen, dem es nicht etwa darum geht, in der Welt etwas zu besorgen, sondern eben nur darum, in sich selbst für den Ausgleich von Spannungen zu sorgen.

Im Folgenden wird ein Fall wiedergegeben, der diese Fehlauffassung vom Menschen illustrieren mag. Die Patientin hatte sich einer encounter group angeschlossen und brachte im Rahmen einer Sitzung ihre Erregung und ihren Ärger zum Ausdruck, die auf ihren in Scheidung begriffenen Mann gerichtet waren. Der group leader forderte sie nun auf, auf einen Luftballon einzustechen und solcherart ihrem Ärger und ihrer Aggression »Luft zu machen«. Der Ballon trat also an die Stelle des ursprünglich gemeinten Objekts ihrer Aggression, nämlich ihres Mannes. Es ließe sich aber auch sagen, der Ballon sei an die Stelle des Subjekts einer Explosion getreten, denn anscheinend war der Zweck des Arrangements weniger, ihn zur Explosion zu bringen, als vielmehr, die Patientin davor zu bewahren, dass sie vor lauter Aggression explodiert. Nach der Prozedur wird sie sich auch leichter gefühlt haben. Dürfen wir aber auch annehmen, dass die von ihr empfundene Erleichterung echt war? War sie nicht eher das Ergebnis und die Wirkung einer Indoktrination, der Übertragung einer Ideologie? Wurde da nicht ein mechanistisches Menschenbild vom Therapeuten auf die Patientin übertragen? Die Erleichterung ist nur zu verstehen, wenn die Patientin sich selbst missversteht, indem sie sich für ein geschlossenes System hält, das, soll es nicht Schaden leiden, vor einem Übermaß von Spannungen bewahrt werden muss, wie der Ballon, der angestochen werden muss, damit er nicht explodiert. Jemand, dessen natürlicher Realismus weder von einer Neurose noch von deren Therapie in einen Solipsismus verkehrt wurde, sagt sich: »Wenn ich meine Erregung auch noch so sehr los bin, ändert sich nichts, zumindest in der Welt ändert sich nichts, nach wie vor habe ich Grund, mich aufzuregen, und der Grund, aus dem ich mich aufrege, ist es, was mich interessiert.« Tatsächlich ist für ihn seine eigene emotionale Reaktion verhältnismäßig uninteressant.

Was auf den Ärger zutrifft, gilt auch von der Trauer. Wie wird ein Trauernder nach dem Tod des von ihm Geliebten auf das Angebot reagieren, eine Tranquilizer-Tablette einzunehmen? »Dass ich vor der Wirklichkeit meine Augen verschließe, macht sie noch lange nicht unwirklich. Dass ich einschlafe und dann vom Tod des von mir Geliebten nichts mehr weiß, macht ihn ebenso wenig wieder lebendig. Das ist es einzig und allein, was mich interessiert: ob er lebendig ist oder nicht, und nicht, ob ich mich nun aufreg' oder nicht.« Das mögen seine Worte sein. Worum es dem Trauernden geht, ist nicht so sehr, ob er glücklich ist oder nicht, wie vielmehr, ob er zu dem einen oder anderen Grund hat. Eine *Psychologie ohne Logos* (um auf Wilhelm Wundts »Psychologie ohne Psyche« anzuspielen) kennt aber keine Gründe, auf die hin wir unser Verhalten einrichten. Sie kennt nur Ursachen, und die gibt es nicht etwa draußen in der Welt, sondern in uns selbst, in unserer eigenen psychophysischen Verfassung. Ursachen sind aber nicht dasselbe wie Gründe. Wenn jemand Zwiebeln schneidet, dann weint er. Seine Tränen haben eine Ursache. Aber er hat keinen Grund zu weinen. Und wenn er unglücklich ist und einen Whisky zu sich nimmt, dann wird er weniger unglücklich sein, und der Whisky ist die Ursache dafür. Aber der Grund dazu, unglücklich zu sein, wird damit noch lange nicht aus der Welt geschafft. In der Welt ändert sich ja nichts. Wie wäre es aber, wenn er seine Einstellung zur Welt änderte? Wie wäre es, wenn er Gebrauch machte von der Fähigkeit des Menschen, das Leiden in eine Leistung zu verwandeln? Wie wäre es, wenn die in Scheidung begriffene Frau von ihrer Fähigkeit Gebrauch machte, auf dieser menschlichen Ebene zu ihrer in Brüche gegangenen Ehe Stellung zu nehmen, indem sie sich nicht dem Ärger überlässt, sondern eine Aussöhnung herbeiführt, und zwar entweder, wenn es noch möglich ist, mit ihrem Mann, oder, wenn es wirklich nicht mehr gehen sollte, mit ihrem Schicksal, dem Schicksal einer geschiedenen Frau? So oder so würde sie etwas unternommen haben, jedenfalls mehr, als wenn sie nur dafür gesorgt hätte, die Aggression zu ventilieren. Sie hätte ihr Schicksal in die Hand genommen. Erst dann hätte sie als Mensch agiert und nicht nur als Apparat reagiert. Blockiert aber nicht eine Psychologie, die den Menschen nicht als ein Stellung nehmendes, sondern nur als ein von Mechanismen und Impulsen gesteuertes Wesen ansieht, die Fähigkeit des Menschen, auf menschlicher Ebene eine Situation zu meistern, indem er nicht nur äußerlich ihr gewachsen ist, sondern auch innerlich an ihr über sich hinaus wächst? Blockiert nicht eine Psychologie ohne Logos, die nur Ursachen und Wirkungen kennt, aber keinen Sinn, der noch das Leiden zu krönen vermöchte, blockiert nicht diese Psychologie, wenn sie vom Therapeuten auf den Patienten übertragen wird, des letzteren Fähigkeit, äußere Tragödien in innere Triumphe zu verwandeln und Zeugnis abzulegen vom humanen Potential, das in ihm schlummert? Und lässt sie nicht in unserem Fall die Patientin bei ihrem Glauben, sie sei abhängig davon, ob sich irgendein Mann von ihr scheiden lässt oder nicht und ob irgendwelche gegen ihn gerichteten, in ihr gestauten Aggressionen dräniert werden oder nicht?

KOMMENTAR

Das ist ein sehr eindrucksvolles Plädoyer Frankls für eine sinnorientierte Auseinandersetzung mit den Fakten unserer Außenwelt, statt mit deren Spiegelung in unserer Innenwelt. Denn tatsächlich ist die Wirklichkeit für unsere Entscheidungen wichtiger und Ausschlag gebender als ihre Resonanz in unseren Gefühlen. Das Sein hat Vorrang vor jeglichem emotionalen Widerschein.

DIE STIMME DES GEWISSENS

Die Weisheit des »moralischen Instinkts«

Immerhin gibt es auch »im Raum der Immanenz«, mit dem allein es die Existenzanalyse zu tun bekommt, so etwas wie den Grenzfall eines »Wovor« der Verantwortung: das Gewissen. Das Gewissen verweist nämlich über sich und aus der Immanenz hinaus; wir sehen dies deutlich, sobald wir es als eine Art moralischen Instinkt auffassen: Stelle ich mir zur Aufgabe, Papiertüten zur Verpackung einer Ware herzustellen, dann werde ich hierzu eine gewisse Intelligenz benötigen, die immerhin so gering ist, dass ich etwa auch einen Idioten, den ich in einer Irrenanstalt im Sinne der Beschäftigungstherapie behandle, mit dieser Aufgabe betrauen kann. Stelle ich mir hingegen zur Aufgabe, eine Maschine zu konstruieren, welche die Herstellung dieser Papiertüten selbsttätig bewerkstelligen soll, dann werde ich jedenfalls eine Intelligenz von wesensverschieden höherem Grade dazu benötigen, um diese Maschine zu konstruieren. Analog steht es nun mit der sogenannten Weisheit der Instinkte: Es gibt bekanntlich eine Käferart, deren Weibchen aus Blättern in bestimmter Weise (gemäß einer »irrationalen« Kurve, die selbst Mathematikern Kopfzerbrechen verursacht) Stücke herausschneiden, die sie zu Tüten rollen, in denen sie ihre Eier sicher ablegen können. Müssen wir uns da nicht fragen: Ist schon die Leistung dieses so »weisen« Instinkts erstaunlich – wie unvergleichlich höheren Rang muss erst jene Weisheit haben, die doch diesen Instinkt gleichsam gestiftet hat? ... Wir sehen also, wie der Instinkt, auch der moralische: das Gewissen, über sich und aus der Immanenz hinaus, in eine Transzendenz verweist.

KOMMENTAR

Für Frankl war das Gewissen kein eingelernter und von Autoritäten eingebläuter Handlungsmaßstab, als der es oft betrachtet wird. Zwar unterliegt es sozialen und kulturellen Einflüssen, doch wurzelt es in der Geistigkeit des Menschen, was bedeutet, dass es sogar noch über Eingelerntes, Eingebläutes und sozial oder kulturell Gängiges wertprüfend zu befinden vermag.

Der Ruf an uns

Das Gewissen ist Stimme der Transzendenz und insofern selber transzendent. Der irreligiöse Mensch ist nun nichts anderes als einer, der diese Transzendenz des Gewissens verkennt. Denn auch der irreligiöse Mensch »hat« ja Gewissen, auch der Irreligiöse hat Verantwortung; er fragt bloß nicht weiter – weder nach dem Wovor der Verantwortung noch nach dem Woher des Gewissens. Das soll uns aber nicht wundern:

Im 1. Buch Samuel (3, 2-9) wird geschildert, wie Samuel als Knabe eines Nachts gemeinsam mit dem Hohepriester Eli im Tempel schläft. Da weckt ihn eine Stimme, die ihn mit Namen ruft. Er erhebt sich und wendet sich an Eli, um ihn zu fragen, was er, Eli, von ihm wünsche; der Hohepriester aber hat ihn gar nicht gerufen und befiehlt ihm, sich wieder schlafenzulegen. Dasselbe wiederholt sich ein zweites Mal, und erst beim dritten Mal weist der Hohepriester den Knaben an, das nächste Mal, wenn er seinen Namen rufen hört, aufzustehen und zu sagen: »Sprich, Herr, denn dein Knecht hört!«

Sogar der Prophet hat also, da er noch ein Knabe war, den Anruf, der von der Transzendenz an ihn erging, als solchen verkannt. Wie sollte da ein gewöhnlicher Mensch imstande sein, den transzendenten Charakter jener Stimme, die er aus seinem Gewissen heraushört, ohne weiteres zu erkennen? Und wie sollte es uns da wundern, wenn er die Stimme, die im Gewissen zu ihm spricht, gewöhnlich für etwas hält, das lediglich in ihm selbst begründet ist?

Da unser Gewissen trotz seines transzendenten Ursprungs durch ein menschliches »Empfangsorgan« hindurch »spricht«, sind Verkennungen und Verzerrungen an der Tagesordnung. Irren ist menschlich. Aber das entbindet uns nicht von der Pflicht, immer wieder beharrlich dem Ruf unseres Gewissens zu lauschen und es von eigenen Begierden oder Fremdanweisungen zu entflechten.

Traumwarnung

Auch in Bezug auf die Traumdeutung mag in Geltung bleiben, dass das Gewissen das brauchbarste Modell ist, um an ihm die Wirksamkeit des geistig Unbewussten aufzuzeigen. Nehmen wir als Beispiel folgenden Traum:

Eine Patientin träumt, gleichzeitig mit der Schmutzwäsche werde eine schmutzige Katze in die Wäscherei abgegeben und werde dann, unter der zurückgekommenen gewaschenen Wäsche, tot aufgefunden. – Assoziationen: Zur »Katze« fällt der Kranken ein, dass sie Katzen »über alles« liebe; allerdings liebt sie ebenso »über alles« auch ihre Tochter, ihr einziges Kind. »Katze« bedeutet hier demnach Kind. Warum aber ist die Katze »schmutzig«? Das erklärt sich, sobald wir von der Patientin erfahren, in letzter Zeit sei über das Liebesleben ihrer Tochter in deren Umgebung reichlich getratscht worden – es wurde in dieser Hinsicht also tatsächlich »Schmutzwäsche gewaschen«. Dies ist aber auch der Grund, aus dem die Kranke, wie sie zugibt, ihre Tochter ständig belauert und bevormundet habe. Was besagt demnach der Traum im Ganzen? Er stellt eine Warnung dar: Die Kranke möge ihre Tochter nicht mit übertriebener Erziehung zu sittlicher »Reinheit« (!) so lange quälen, bis die Tochter daran zugrunde geht. Der Traum bringt somit die warnende Stimme des eigenen Gewissens zum Ausdruck.

Wir sehen nicht ein, warum wir eine solche schlichte Möglichkeit, den Traum in all seinen einzelnen Elementen auszudeuten, aufgeben sollten zugunsten der vorgefassten Meinung, hinter ihnen müssten unbedingt auch noch etwa infantil-sexuale Inhalte stecken.

KOMMENTAR

Traumdeutung ist keine Domäne der Logotherapie. Wenn allerdings jemand in der logotherapeutischen Praxis einen Traum, der ihn beunruhigt, erörtern möchte, wird behutsam darauf eingegangen. Behutsam, um nicht die zarten Signale des Gewissens zu unterdrücken, die von vordergründigen psychischen Ängsten überlagert sein können, aber die eigentliche Botschaft sind.

Geführtwerden im Traum

Einer unserer Patienten berichtet uns, folgendes geträumt zu haben: Er geht auf eine Klettertour, hat aber nichts außer Kletterschuhen und -seil im Rucksack. Auf der Tour wird er von einem berühmten Führer geführt, und seine Schwester hält mit, während seine Mutter zurückbleibt. Assoziationen und Tagesreste: Eine Woche vorher unternahm Patient tatsächlich eine Klettertour, und zwar unter Führung des bekannten Alpinisten und Himalaja-Expeditionsteilnehmers Peter Aschenbrenner. Und auf diese Tour wurden tatsächlich nur die Kletterschuhe mitgenommen, das Kletterseil jedoch zu Hause gelassen; andrerseits wurde das Kletterseil vor Jahren, als Patient aus dem Konzentrationslager heimkehrte, unter der geringen restlichen Habe vorgefunden – während alle Angehörigen bis auf die Schwester nicht zurückgekommen waren. Die Kletterschuhe repräsentieren also »das, was er mit hat«, und das Kletterseil »das, was ihm noch verblieben«. Was bedeutet nun die Tour selbst? Sie bedeutet das Leben: die (seinerzeit nicht zurückgekehrte) Mutter lebt nicht weiter, zählt sonach – im Gegensatz zur Schwester – nicht unter die Überlebenden (im Traum klettert die Schwester weiter, während die Mutter zurückbleibt).

Und was bedeutet Führung? Als im Konzentrationslager nur mehr noch die Mutter und unser Patient selber überlebend waren, äußerte einmal ein Rabbiner (um sie zu trösten): »Vergessen Sie nicht – letztlich werden wir doch immer geführt« (gemeint war: von der Vorsehung); der Führer ist demnach Gott. Diese Deutung, auf Grund dieser Assoziation, erscheint nun insofern überdeterminiert, als ja Aschenbrenner seinerzeit mit einer Expedition zum Himalaja = Thron Gottes aufstieg, und überdies Gott derjenige ist, der den Menschen wieder zu Asche werden lässt, und schließlich die Mutter unseres Patienten im Krematorium Auschwitz – also als Asche – endete. Außerdem las unser Patient am Vorabend vor dem vorstehenden Traum, unmittelbar vor dem Einschlafen, in den Psalmen just den 120., in dem es heißt: »Ich erhebe meine Augen zu den Bergen; von wo wird mir Hilfe kommen? Hilfe kommt mir vom Herrn ...« Im Traum erhob unser Patient sein geistiges Auge tatsächlich zu den Bergen, und er gedachte hierbei der Hilfe, die ihm und seiner Schwester vom Herrn gekommen.

Ohne die Analyse von Träumen in ihrer Bedeutung für die Psychotherapie überschätzen zu wollen, lässt sich füglich sagen, dass sie sich gut in jede psychotherapeutische Behandlung einbauen lässt, vor allem, um als zeitweiliger Test für die Fortschritte einer tiefenpsychologischen Therapie beziehungsweise als Index für die von ihr noch zu bewältigenden Neurosenreste zu dienen. Nur müssen wir uns bei solchen Intentionen frei machen vom überlieferten Vorurteil, aus Träumen dürfe man nur jeweils die verhüllte Stimme des Unbewussten im Sinne unbewusster Triebhaftigkeit heraushören. Wir stehen vielmehr auf dem Standpunkt, dass uns die Träume Aufschluss zu geben vermögen ebenso wohl im Sinne unbewusster Geistigkeit!

KOMMENTAR

Wer die Lebensgeschichte Frankls kennt, wird bei obigem Text sofort erraten haben, dass es *Frankls Traum* war, den er der Leserschaft vorgestellt hat. Die Assoziation von »Asche« mit dem Namen des Bergführers ist vielleicht etwas kühn. Das Wesentliche ist jedoch, dass sich Frankl auch nach all den grässlichen Erlebnissen und dem Verlust von Angehörigen »durchs Leben geführt fühlte«.

... nichts als Angst?

Während sich der Nihilismus von gestern durch das Gerede vom Nichts verriet, tut es der Nihilismus von heute durch die Redewendung »nichts als«. Der Mensch wird hingestellt als nichts als ein »nackter Affe«, um diesen Bestsellertitel aufzugreifen, oder ein Computer. Es ist durchaus legitim, den Computer als ein Modell für die Funktion des Zentralnervensystems zu verwenden. Die *analogia entis* erstreckt sich sehr wohl noch bis zum Computer, also durch alle ontologischen Regionen hindurch. Zwischen diesen Regionen gibt es aber auch dimensionale

Differenzen, und diese Differenzen nimmt der Reduktionismus nicht zur Kenntnis. Denken wir nur an das Gewissen: Eine typisch reduktionistische Theorie betrachtet dieses spezifisch menschliche Phänomen als das bloße Resultat konditionierender Prozesse. Ein Hund, der sich nicht zimmerrein verhält und mit eingezogenem Schwanz unters Bett kriecht, legt tatsächlich ein Verhalten an den Tag, das sich ohne weiteres als das Resultat konditionierender Prozesse auffassen lässt. Ist es doch von einer Art Erwartungsangst diktiert, nämlich der ängstlichen Erwartung von Strafe. Das Gewissen hat mit dergleichen Ängsten nichts zu tun. Solange Furcht vor Strafe, Hoffnung auf Lohn oder der Wunsch, dem Über-Ich zu gefallen, menschliches Verhalten bestimmen, ist ja das wirkliche Gewissen noch gar nicht zu Wort gekommen.

KOMMENTAR

Gutes Benehmen ist immer gefragt, auch dann, wenn die Motive dafür »fragwürdig« sind. Einer benimmt sich gut, weil er Angst vor den Sanktionen schlechten Benehmens hat. Ein anderer benimmt sich gut, weil er in den Himmel kommen möchte. Supergut jedoch ist, wenn sich jemand gut benimmt, weil ihm seine eigene innerste Stimme rät, *Gutes um des Guten willen* zu tun.

ZUM THEMA VERANTWORTUNG

Das Wissen um Fakten verändert die Fakten

An einem aktuellen Beispiel möchten wir aufzuzeigen versuchen, welche Gefahren es in sich birgt, wenn man dem Menschen sein kollektives Sosein vor Augen hält, anstatt ihm sein individuelles Anders-können aufzuzeigen beziehungsweise ihn dazu aufzurufen: Bekanntlich hat der amerikanische Zoologe Alfred Charles Kinsey einen statistischen Bericht verfasst, in dem nachgewiesen wird, wie abhängig die Sexualmoral von der jeweiligen sozialen Schicht ist, der einer angehört, und wie verschwindend die Minorität ist, die sich an die herrschende Sexualmoral auch tatsächlich hält. Unter anderem ergab sie hierbei, dass die Majorität der Ehemänner ihren Gattinnen untreu ist.

Wenn ich als Arzt einem Patienten den Blutdruck messe und den Blutdruck leicht erhöht finde und dem Patienten nun die Wahrheit sage, dann sage ich ihm gar nicht die Wahrheit; denn im gleichen Augenblick schnellt sein Blutdruck auch schon in die Höhe (Wirkung der Aufregung).

»Rede« ich dem Patienten jedoch »ein«, sein Blutdruck sei normal, dann sage ich ihm keine Unwahrheit; denn diese beruhigende Mitteilung wird den (durch »Erwartungsangst« leicht erhöht gewesenen) Blutdruck inzwischen wirklich normalisiert haben. Sage ich nun den Männern, die Majorität der Gatten betrügt ihre Frauen, dann wird sich die Majorität dieser Männer gewiss nicht sagen: »– eben darum muss ich nur noch umso mehr mich zusammennehmen und die Minorität der Anständigen unterstützen«; der durchschnittliche Mann wird sich sagen: »– ich bin eben auch nicht besser als der Durchschnitt.« Mit einem Wort: Die Mitteilung der statistischen Wahrheit fälscht eo ipso diese Wahrheit – nicht unähnlich der Beobachtung eines Elektrons, die – Heisenberg zufolge – die Lage des Elektrons immer auch schon beeinflusst. Beobachtung bedeutet eben allemal zugleich auch schon Beeinflussung – ob wir es nun wollen oder nicht; zumal die Mitteilung eines Beobachtungsergebnisses immer etwas ist, das in die Waagschale der Entscheidung fällt.

Immer wieder hören wir einen Kranken sagen: »Ich bin nun einmal so« – und dabei meint er: »… ergo könnte ich auch gar nicht anders.« In Wirklichkeit gilt jedoch: Jederzeit kann ich auch anders – ergo bin ich überhaupt nicht »irgendwie«. Ich bin – oder, besser gesagt: Das Ich ist niemals faktisch, sondern fakultativ. Dasein erschöpft sich nicht in irgendeinem Sosein. Existenz »ist in« je ihrer Faktizität, aber sie geht in der eigenen Faktizität nicht auf. Sie ek-sistiert eben, und das will heißen: dass sie über ihre eigene Faktizität immer auch schon hinaus ist.

Dies macht ja schließlich auch das eigenartig dialektische Gepräge des Menschseins aus: diese beiden einander fordernden Momente »Existenz – Faktizität « und das Aufeinander-angewiesen-Sein dieser beiden Momente. Immer sind beide in einander verschränkt und darum von einander nur gewaltsam ablösbar.

Sehr klar kommt dies zum Ausdruck, wenn etwa Mitscherlich von der »Persönlichkeit« spricht, »die sich zugleich hat und ist«, oder wenn Plessner vom Menschen aussagt, dass er Existenz habe und zugleich Existenz sei und dass das Dasein für den Menschen ein Verhältnis darstelle »zwischen sich und sich (wenn man es genau sagen will: zwischen ihm und sich)«. Am schönsten hat es aber wohl der Dichter Dehmel ausgedrückt, wenn er einmal sagt: »Wir schweben über dem Leben, an dem wir kleben.«

KOMMENTAR

In unserem Zeitalter, in dem die Medien die Informanten, Meinungsmacher und Aufmerksamkeitsdirigenten schlechthin sind, und noch dazu Millionen Menschen irgendwelche Behauptungen ins Netz stellen, kommt jeder Veröffentlichung ein gravierendes Gewicht zu. Sowohl wahre wie falsche Nachrichten können dramatische Folgen haben, von denen ihr Absender nichts ahnt.

Der wandelbare Mensch

Von der sogenannten Großen Zahl, also von der statistischen Wahrscheinlichkeitsrechnung abgesehen, ist eine psychologische Vorhersage ein Unding. Das mephistophelischste Wesen, das mir persönlich jemals begegnete, war der Fachkollege Dr. J., bekannt und berüchtigt als der Massenmörder vom »Steinhof«. War er doch der Beauftragte für die Euthanasie in der genannten Wiener Heilanstalt für Psychotische. Sein Ehrgeiz ging dahin, dass ihm auch nicht ein einziger entkam. Er selbst jedoch schien nach der Beendigung des Zweiten Weltkriegs einer Bestrafung sehr wohl entgangen zu sein. Viele Jahre später erst suchte ein österreichischer Diplomat meine Ordination auf, um seine in jahrelanger Gefangenschaft und Lagerhaft zugezogenen Leiden behandeln und begutachten zu lassen. »Kannten Sie nicht Dr. J.?«, fragte er mich ganz unvermutet, und auf mein Kopfnicken hin setzte er fort: »Mit ihm teilte ich die Zelle im berühmten Moskauer Gefängnis L., kurz vor meiner Entlassung. Er aber starb dort, ging dort elend zugrunde, an einem Blasenkrebs, in verhältnismäßig jungen Jahren. Wie schade ist es um ihn; er war der beste Kamerad, den man sich vorstellen, den man sich wünschen kann! Er half uns Mithäftlingen, wo er nur konnte, er richtete uns auf und tröstete uns, wann immer wir trostbedürftig waren, und ich möchte sagen, er war wie ein Heiliger.« Selbst in diesem unikalen Falle also hätte mich ein Rückschluss, ein Vorschluss, von der scheinbaren Inkarnation eines teuflischen Prinzips auf den weiteren Lebensweg und das Ende dieses Menschen nur irregeführt.

KOMMENTAR

Ja, wer kennt einen Menschen wirklich? Wie schnell urteilen wir bei unseren Begegnungen mit unseren Mitmenschen über diese, sortieren wir sie in Charakterschubladen ein, glauben, sie durchschauen und ihre künftigen Verhaltensmuster einschätzen zu können! Doch wir täuschen uns, denn jeder ist jederzeit für eine Überraschung gut. Jeder kann sich ändern, sogar im hohen Alter noch.

Kontaktmangel und Verantwortungsscheu

Der nächste Fall soll uns zeigen, wie das »zufällige«, ursprüngliche, einmalige beziehungsweise erstmalige Versagen Ausdruck einer allgemein neurotischen Haltung sein kann; nach welcher Feststellung wir allerdings eigentlich nicht mehr behaupten dürfen, dass es sich bei jenem ursprünglichen Versagen um ein »zufälliges« gehandelt habe.

Der zweiunddreißigjährige Offizier wendet sich wegen Potenzstörung an den Arzt. Gleich eingangs gibt er an, zumindest in seinen Träumen bisexuell zu sein. Ohne dass wir diesem

Tatbestand allzu viel Bedeutung beimessen (am allerwenigsten dem Kranken selbst gegenüber), gehen wir der Sache auf die Spur und erhalten in diesem Zusammenhang die Auskunft, dass er sich daran erinnern könne, mit zehn Jahren nicht ohne eine gewisse Wollust einen (jüngeren) Knaben anuriniert zu haben. Die Träume gehen mit Pollutionen einher. (Wir verwerten diese Tatsache natürlich sofort, um dem Kranken seine organische »fakultative Potenz« damit zu demonstrieren.) Erst seit dem zwanzigsten Lebensjahr, so berichtet er weiter, masturbiere er. Im Alter von zweiundzwanzig Jahren sei es nun erstmalig zum Geschlechtsverkehr gekommen, und zwar mit einer Prostituierten; und hierbei habe er versagt: Zuerst sei eine Ejaculatio praecox aufgetreten, und später komplette Impotenz.

Was können wir bereits aus diesen Angaben schließen? Dass er vor der eigentlichen, nämlich vor aller menschenwürdigen Erotik, also dass er den Mädchen ausweicht, indem er bei der Prostituierten Zuflucht sucht. Diesem ganzen Verhalten liegt somit ein tiefgehender menschlicher Kontaktmangel zugrunde – von dem der Kranke selber alsbald und spontan auch zu sprechen beginnt. Er ist also schlechthin menschlich kontaktunfähig – und seine ganze Potenzgestörtheit ist eben nur Ausdruck dieser Kontaktunfähigkeit; sexuell ist er deshalb »unfähig«, weil er überhaupt der Liebe nicht fähig ist. Kein Wunder, wenn seine Haltung zur Potenzstörung führt: Ist es ihm doch, in all seinem »Liebesleben«, gar nicht um Liebe zu tun, sondern nur um Lust, und zwar Lust im Sinne von egoistischem Luststreben. »Gefühl« investiert er nur höchst wenig und selten in seine Beziehungen – wie er ausdrücklich zugibt. Dass er es gegenüber den Prostituierten nicht tat, ist ja ohne weiteres verständlich; aber auch späterhin habe er es nicht getan – auch dann nicht, als er den Verkehr mit Prostituierten bereits abgebrochen und sich schließlich doch dazu entschlossen hatte, mit Mädchen »anzufangen«. Denn wie sah dies aus? Er erzählte uns selbst, dass er immer wieder Virgines »ins Bett nahm«; sobald sie jedoch zu weinen und sich zu weigern begannen, ließ er von ihnen ab – und hatte auch schon keine Erektion mehr. Spontan erklärte er in diesem Zusammenhang, dass er sich vor Verantwortung ungemein fürchte; er fürchte sich immer davor, heiraten zu müssen. Verantwortung sei ihm in jedem Falle eine Last. Warum, so werden wir uns nunmehr aber fragen, hält er sich dann just an die Virgines? Einfach deshalb, weil er ja neben seiner ohnehin schon tiefen Verantwortungsscheu auch im Sinne seines abgründigen Egoismus gehandikapt ist – jenes Egoismus, der dem Partner nichts »geben«, der nichts leisten will, der nur Lust sucht, und die nur für sich; dieser Umstand hat ihn ja zu den Prostituierten getrieben! Das Versagen bei ihnen jedoch hat ihn kopfscheu und unsicher gemacht, und aus dieser seiner Unsicherheit heraus wagt er sich nun nur mehr an die unerfahrenen Mädchen heran.

Jetzt aber, ihnen gegenüber, macht sich wieder die Kontaktunfähigkeit geltend (die ihn kein Gefühl investieren lässt) sowie die Verantwortungsscheu (die ihn das geringste Gefühl sofort auch wieder zurücknehmen lässt).

Worin hatte nun die Therapie im vorliegenden Falle zu bestehen? Wir mussten den Kranken dazu anleiten, vor allem die Kontaktunfähigkeit durch Selbsterkenntnis und Selbsterziehung mit der Zeit zu überwinden. Wir mussten ihn darauf hinweisen, dass nur ein wahres Liebesleben seiner würdig sei. Und wir mussten ihm schließlich klarmachen, dass die Herstellung seiner Potenz nicht nur unmöglich, sondern auch unnötig sei, solange er noch nicht (im engeren Wortsinn) liebesfähig wäre. Denn, so mussten wir sagen, der Arzt sei schließlich nicht dazu da, sozusagen ihm das Koitieren beizubringen; unsere Aufgabe sei es vielmehr, ihm den Weg zu weisen und zu ebnen zu einem ihm gemäßen Liebesleben – und damit und erst damit, ganz von selbst, auch zu einem normalen Sexualleben! In diesem Sinne wird auch eine vom Kranken ursprünglich gewünschte Injektionsbehandlung unsererseits strikte abgelehnt: was ihm Not täte, sei vielmehr: Erkenntnis; Erkenntnis des großen Zusammenhangs, in dem seine Potenzstörung lediglich als Teilerscheinung eingebettet sei; Erkenntnis ihres Zusammenhangs mit seiner allgemeinen Lebenseinstellung. Und mag er sich in dieser Hinsicht das eine oder das andere auch schon selber wiederholt gesagt haben – ein Objektiver, ein Außenstehender müsse es ihm sagen! Und so dürfe er denn nicht damit rechnen, seine Potenzstörung früher loszuwerden, bevor er nicht erst einmal imstande sei, eine Partnerin wirklich zu lieben.

KOMMENTAR

Die Psychotherapie ist in gewisser Weise der Pädagogik verwandt. Denn nicht selten hat der Therapeut zu einem Stück Nacherziehung und Nachreifung des Patienten beizutragen und ihn Einsichten zuzuführen, wie Leben gelingen kann. Auch ist es in vielen Fällen nötig, die Liebesfähigkeit eines Patienten anzukurbeln, und dies nicht nur in Partnerschafts- und Familienzusammenhängen.

Das Schicksal und der Arzt

Ich stehe auf dem Standpunkt, dass auch im Falle eines vorliegenden Selbstmordversuchs der Arzt nicht nur das Recht, sondern die Pflicht hat, ärztlich zu intervenieren, und das heißt: zu retten und zu helfen, sofern und soviel er kann. Diese Frage entbehrte einstens nicht der Aktualität. Denn vor Jahren war ich selbst einmal bemüht, ein Verfahren auszuarbeiten, durch das es gelingen sollte, auch in Fällen schwerster Schlafmittelvergiftung, in denen jede bisher übliche Behandlung versagte, den Kranken doch noch zu retten. Da wurden unter Kollegen Stimmen laut, die mich darauf hinweisen wollten, ich hätte nicht das Recht, Menschen, deren Selbstmordentschluss menschlich so verständlich war (es handelte sich um eine ganze Selbstmordepidemie angesichts besonderer, eine ganze Menschengruppe aufs äußerste bedrohender Umstände), dem Leben zurückzugeben, sie ins Leben zurückzureißen. Was ich da tue, sei Schicksal spielen. Ich beharrte jedoch auf meinem Standpunkt – und ich habe diesen Grundsatz nicht einmal aufgegeben, als meine eigene Assistentin, die ebenfalls immer wieder diesen Grundsatz kritisiert hatte, eines Tages selber nach einem Selbstmordversuch ins Spital eingeliefert wurde: Auch in ihrem Fall hielt ich an meinem Prinzip fest, und auch in ihrem Fall wandte ich meine Technik an – zwar ohne Dank, aber mit Erfolg. Doch was ich den moralischen Kritikern meiner Methode (eine medizinische Kritik wäre ja durch die Tatsache widerlegt gewesen) entgegnete, war etwa folgendes: Nicht ich will Schicksal spielen, sondern der Arzt versucht Schicksal zu spielen, der einen Selbstmörder seinem Schicksal überlässt, der dem Schicksal »freien Lauf« lässt und, wo er vielleicht noch helfend eingreifen könnte, die Hände in den Schoß legt. Denn wenn es dem »Schicksal« gefallen hätte, den betreffenden Selbstmörder wirklich zugrunde gehen zu lassen, dann hätte dieses Schicksal sicher auch Mittel und Wege gefunden, um den Sterbenden nicht rechtzeitig in die Hände eines Arztes fallen zu lassen. Ist er aber einmal dem Arzt in die Hände gespielt worden, dann hat dieser Arzt auch als Arzt zu handeln und nicht diesem Schicksal, dem »gnädigen« Schicksal, in die Arme zu fallen.

KOMMENTAR

Es ist eine heikle Frage, ob man den Sterbewunsch eines Suizidkandidaten respektieren soll. Dazu ist schon viel Pro und Contra gesagt worden. Da wir in der Logotherapie jedoch die Überzeugung hegen, dass jedes Menschenleben Sinnmöglichkeiten hat und prinzipiell wertvoll ist, sind wir keine Befürworter des Freitodes. Leben ist kurz genug – es sollte zur Fülle ausgeschöpft werden.

DIE BEDEUTUNG VON TAPFERKEIT UND VERZICHT

Wenige, die für viele stehen

Es war im Sommer 1942. Allenthalben wurden Menschen, wurden unter ihnen Ärzte deportiert. Da traf ich eines Abends am Praterstern eine junge Dermatologin. Wir sprachen vom Arztsein in dieser Zeit, vom Auftrag des Arztes in dieser Zeit. Und wir kamen auf Albert Schweitzer zu sprechen, den Urwalddoktor von Lambarene, und auf unsere Bewunderung für ihn. Und dann sprachen wir davon, dass wir uns wohl nicht zu beklagen hätten über einen Mangel an Gelegenheit, diesem vorbildlichen Arzt und Menschen nachzueifern: Wir hatten wahrlich Chancen genug, gleich ihm unter denkbar ungünstigen Umständen ärztliche Hilfe zu leisten. Wir hätten wahrlich nicht erst in den afrikanischen Urwald zu reisen gebraucht. Von alledem sprachen wir damals, und wir versprachen einander an diesem Abend, eine solche Chance darin zu sehen, wenn der Tag kommen sollte, da auch wir deportiert würden. Um weniges später war dieser Tag gekommen. Allein, der jungen Kollegin war nicht viel Zeit gelassen, die Chance zu nützen, die sie aus ihrem ärztlichen Ethos heraus in der Deportierung gesehen hatte: Kurze Zeit nach ihrer Ankunft im Lager zog sie sich eine Typhusinfektion zu. Wenige Wochen später war sie tot. Ihr Name ist Dr. Gisa Gerbel. Wir gedenken ihrer.

Dann war da ein Armenarzt aus dem sechzehnten Bezirk – nicht anders bekannt in Wien als unter dem Namen »der Engel von Ottakring«; eine Urwiener Type –, ein Mann, der noch im Lager von nichts anderem schwärmte als von Wiedersehensfeiern bei einem Wiener Heurigen und dann mit seligen Blicken und Tränen in den Augen das Heurigenlied anstimmen konnte: »Erst wenn's aus wird sein ...« Das war der Engel von Ottakring; aber wer hat ihn selbst geschützt, gleich einem Schutzengel – damals, als er in Auschwitz vor meinen Augen vom Bahnhof weg auf die linke Seite dirigiert wurde – und das hieß: direkt in die Gaskammer? Das war der Engel von Ottakring. Sein Name ist Dr. Plautus. Wir gedenken seiner.

Dann war da Dr. Lamberg – der Sohn des ersten Chefarztes der weltberühmten Wiener freiwilligen Rettungsgesellschaft, allen Erste-Hilfe-Schülern wohlbekannt von seinem Lehrbuch her; Dr. Lamberg war ein Weltmann im Aussehen wie im Auftreten. Das weiß jeder, der diesen prächtigen Menschen jemals gesehen hat. Nun, ich habe ihn auch gesehen, als er in einer halb unterirdischen Baracke im Sterben lag, inmitten Dutzender, eng nebeneinander liegender, halbverhungerter Gestalten; und seine letzte Bitte an mich war: die Leiche, die neben und halb auf ihm lag, doch ein wenig beiseite zu rücken. Das war der einstige Weltmann Dr. Lamberg – einer der wenigen Lagerkameraden, mit denen man selbst noch bei der schwersten Arbeit an Bahngeleisen im Schneesturm philosophische Gespräche führen konnte. Wir gedenken seiner.

Dann war da Frau Dr. Martha Rappaport, meine einstige Assistentin am Wiener Rothschild-Spital, aber auch schon Assistenzärztin einstmals unter Wagner-Jauregg. Eine Frau mit einem Herzen, das niemanden weinen sehen konnte, ohne selber zu Tränen gerührt zu sein. Wer hat um sie geweint, als sie deportiert wurde? – Das war Frau Dr. Rappaport. Wir gedenken ihrer.

Dann war da, vom gleichen Spital, ein junger Chirurg, Dr. Paul Fürst, und ein weiterer Arzt, Dr. Ernst Rosenberg. Beide konnte ich im Lager sprechen, kurz bevor sie dort starben. Und es war in ihren letzten Worten *kein einziges Wort des Hasses* – nur *Worte der Sehnsucht* kamen über ihre Lippen – und *Worte des Verzeihens*; denn was sie hassten und was wir hassen, sind niemals Menschen – Menschen muss man verzeihen können; was sie hassten, war nur das System – das die einen in Schuld brachte – und den anderen den Tod brachte.

Ich habe wenige Namen genannt, und die nicht dem wissenschaftlichen Rang nach; ich spreche von Einzelnen, aber ich meine alle mitsammen. Die Wenigen müssen für die Vielen stehen: denn die Vielen könnte keine Chronik fassen, die von Menschenhand aufgezeichnet würde. Aber sie bedürfen auch gar nicht einer Chronik, sie bedürfen auch nicht eines Gedenksteins; denn jede Tat ist ihr eigenes Denkmal – unvergänglicher als eines, das bloß unserer Hände Werk ist. Denn die Tat eines Menschen lässt sich nicht ungeschehen machen; was getan, lässt sich nicht aus der Welt schaffen. Und es ist nicht wahr, dass es in der Vergangenheit unwiederbringlich verloren sei, sondern in der Vergangenheit ist es untilgbar geborgen.

KOMMENTAR

»Menschen muss man verzeihen können« – welch eine Aussage aus dem Munde eines Holocaust-Überlebenden! Nun, auch heute im 21. Jahrhundert gibt es politische, ökonomische und ökologische Systeme, die »den einen die Schuld bringen und den anderen den Tod«. Wir müssen dagegen aufstehen, jeder an seinem Platz, um in einem weltweiten Chor dagegen zu protestieren!

Drogenabhängigkeit und Stolz

Wir brauchen nur davon auszugehen, dass die Drogenabhängigkeit im Grunde auf zweierlei zurückzuführen ist: auf Neugier und auf die sogenannte peer pressure, was soviel bedeutet wie den Druck, der von der Gruppe ausgeht. Als ich 1938 von meinem Chef – dem Direktor der Psychiatrischen Universitätsklinik Professor Otto Pötzl – beauftragt wurde, das damals aufgekommene Amphetamin (seinerzeit Benzedrin, dann Pervitin genannt) auf seine allfällige therapeutische Effizienz bei psychiatrischen Erkrankungen zu untersuchen*, hatte ich es schwer, der Versuchung zu widerstehen, eine Tablette einmal selbst einzunehmen; instinktiv muss ich die Gefahr, süchtig zu werden, geahnt haben, die zu dieser Zeit noch keineswegs bekannt war. Jedenfalls ist es verständlich, dass namentlich junge Individuen der Neugier erliegen, wie denn diese oder jene chemische Substanz sich auswirken mag. Und hinsichtlich peer pressure brauchen wir uns nur vorzustellen, wie gerne ein Schüler, der mit ansehen muss, wie seine Kameraden in der Pause in die eine Zeitlang vom österreichischen Unterrichtsministerium in den Schulen installierten Raucherzimmer stürzen, nicht »zurückstehen«, sondern bekunden möchte, dass er auch so »reif« ist, dass er zu den Rauchern gehört. Er ist stolz darauf! Und niemand hat ihn darauf aufmerksam gemacht, wie stolz er erst darauf hätte sein können, hätte er es nicht den Rauchern gleichgetan, sondern es zustande gebracht, ebendieser Versuchung zu widerstehen. Diesen »höheren« Stolz müssen auch die USA im Sinn gehabt haben, und sie

---

* Vgl. Viktor E. Frankl, »Zur medikamentösen Unterstützung der Psychotherapie bei Neurosen«, *Schweizer Archiv für Neurologie und Psychiatrie* XLII/1939, 9, S. 26–31.

haben es sich auch etwas kosten lassen, indem sie in allen Studentenzeitungen ein ganzseitiges Inserat in Auftrag gaben, auf dem eine Studentin zu sehen ist, die den Betrachter herausfordernd anblickt und – auf englisch – höhnisch fragt: »Sie sind g'scheit genug, um über Viktor Frankls ›existential vacuum‹ zu diskutieren – und Sie sind nicht imstande, das Rauchen aufzugeben?« Nicht ungeschickt, dieser Appell an den »höheren« Stolz – und sicherlich nicht ganz unwirksam geblieben.

KOMMENTAR

Es stimmt, man kann immens stolz auf sich sein, wenn man Versuchungen aller Art zu widerstehen vermag. Zur peer pressure gesellt sich heutzutage der Konsumdruck mit seinen Werbeverlockungen. Und der Prestigedruck, der in unserer westlichen Gesellschaft hoch ist. Da braucht es eine Menge innerer Stärke, um Vernunft, Klugheit und Bescheidenheit walten zu lassen.

Sein eigener Rivale sein

Für den Kampfsport ergibt sich, dass im wohlverstandenen Wettkampf der Mensch letztlich und eigentlich mit sich selbst rivalisiert – sein eigener Konkurrent ist. Und es lässt sich nachweisen, dass sich nur dort, wo er sich diese Einstellung zu eigen macht, die Leistung optimieren lässt. Umgekehrt führt ein Zuviel an Absicht (die »Hyperintention«, wie sie in der Logotherapie genannt wird) ebenso zur Verkrampftheit, wie ein Zuviel an Selbstbeobachtung (die »Hyperreflexion«) zur Gehemmtheit führt. In dem Maße, in dem es unseren männlichen Patienten darum geht, ihre Potenz zu beweisen, sind sie auch schon impotent, und in dem Maße, in dem es unseren weiblichen Patienten darum zu tun ist, sich selbst zu beweisen, dass sie eines vollen Orgasmus fähig sind, sind sie auch schon frigid. Oder, wie ich es meinen Studenten zu sagen pflege, je mehr es einem um die Lust geht, umso mehr vergeht sie einem auch schon. Anscheinend verhält es sich nun im Sport analog: Je mehr es einem um den Sieg geht, um so mehr hat man den Sieg auch schon vergeben. Selbst im Wettkampf, im Kampfsport, dürfte die optimale Motivation dort liegen, wo sich der eine an den andern messen will, aber nicht direkt darauf ausgeht, sie zu besiegen. Je mehr er darauf aus ist, über die andern zu siegen, um so mehr ist er verkrampft, statt entspannt zu sein.

Ein WM-Ausscheidungsspiel, das Österreich gegenüber Ungarn zu bestreiten hatte, stand in der Pause 0:2 für Ungarn. So waren denn die österreichischen Teamspieler »niedergeschlagen, mutlos und pessimistisch in die Kabine gekommen«, wie es dann in der Zeitung hieß. Sie verließen die Kabine aber zuversichtlich. Was hatte Bundestrainer Leopold Stastny während der Pause getan? »Er redete ihnen ein, dass in diesem Spiel noch alles drinnen sei, dass er ihnen jedoch auch eine Niederlage verzeihen würde, unter einer Auflage: dem Publikum müsse bis zum Schlusspfiff idealer Einsatz gezeigt werden, gleichgültig, ob bei 1: 2 oder 1: 4.«

Ein weiterer Fall: Ilona Gusenbauer, die den Weltrekord im Hochsprung hielt, sagte in einem Interview: »Ich darf mir nicht einreden, dass ich siegen muss.« Ein andermal hat Ilona Gusenbauer vor dem Hochsprung-«Gipfel« mit Weltrekordhalterin Jordanka Blagojewa beim LA-Europacup-Semifinale in Warschau angekündigt, »hier zählt für mich nur der Sieg«. Ilona, Jahresweltbeste mit 1,91 m, meisterte auch 1,90 m im ersten Versuch – aber die Weltrekordhalterin (1,94 m) überquerte diesmal 1,92 m und setzte sich damit an die Spitze der Jahresweltbestenliste.

KOMMENTAR

Alles Zuviel ist ungesund. Zu viel verkrampftes Streben nach etwas, zu viel Beobachten von sich selbst, zu viel Erfolg haben wollen, zu viel Ehrgeiz im Konkurrenzkampf. Das alles ist kontraproduktiv. Der Tipp von Leopold Stastny bringt die rechte Gesinnung auf den Punkt. »Idealer Einsatz, egal ob Niederlage oder Sieg winken«, ist ein Motto, das wir uns merken sollten!

Verzicht auf Fortpflanzung

Uns ist eine Patientin bekannt, die an einer schweren periodischen endogenen Depression leidet. Im Hinblick auf die Tatsache nun, dass alle vier Großeltern unserer Patientin psychisch gesund waren, hätten die Eltern sogar bei Anlegen eines rigorosen Maßstabes einen eugenischen Ehekonsens erhalten müssen – trotz des Tatbestandes nämlich, dass sich in der weiteren Sippschaft sowohl väterlicher- als auch mütterlicherseits reichlich Fälle von endogener Depression finden. Umgekehrt ist es jedoch hinsichtlich der Frage bestellt, ob beispielsweise die Eltern des Vaters unserer Patientin einen Ehekonsens hätten bekommen dürfen; denn sowohl seine Mutter als auch sein Vater waren zur Zeit ihrer Eheschließung zwar gesund, hatten aber zu dieser Zeit das Manifestationsalter einer allfälligen endogen depressiven Anlage noch nicht erreicht, und im Hinblick darauf, dass dieser Vater ebenso wie diese Mutter je eine endogen depressiv erkrankte Schwester hatten, hätte dieser Sachverhalt unbedingt in die Waagschale erbprognostischer Erwägungen geworfen werden beziehungsweise eine strikte Kontraindikation gegen die Eheschließung ergehen müssen. Mit anderen Worten: Der erbprognostisch infaust zu beurteilende Fall des Vaters unserer Patientin ging entgegen der Erbprognose ebenso günstig aus, wie umgekehrt der Fall unserer Patientin selbst ungünstig.

An dieser Stelle wollen wir verweilen, um ein paar grundsätzliche Worte zum Problem der Empfängnisverhütung zu verlieren ...: Unter gewissen Umständen, nämlich im Falle erbprognostischer Kontraindikationen, gibt es eine Pflicht zur Empfängnisverhütung. Die Verpflichtung zur Nicht-Fortpflanzung ist dann keine geringere als die schlechthinnige Pflicht zur Fortpflanzung – und eine solche gibt es gewiss; denn diese Pflicht zur Fortpflanzung ergibt sich ja schon aus der einfachen Überlegung, dass man sich das Leben nicht selber gegeben hat und aus diesem Grunde nicht nur sich das Leben auch nicht selber nehmen darf, sondern es auch weitergeben soll: eigentlich ist das Leben ein Lehen.

Dass eine objektive erbprognostische Kontraindikation in concreto subjektiv überhaupt wirksam ist, dass sie von den Betroffenen überhaupt zur Kenntnisgenommen wird, ist bereits ein höchst bemerkenswertes Faktum; denn was hier geschieht, das ist doch nicht mehr und nicht weniger, als dass zwei Menschen aus Mitleid mit einem Ungeborenen auf dessen Zeugung es gar nicht erst ankommen lassen. Was diese Menschen leitet, ist nun nicht mehr und nicht weniger als *das Paradoxon einer Liebe zu etwas – Nicht-Existierendem.*

KOMMENTAR

Seit der Erfindung der »Antibabypille« ist die Empfängnisverhütung in unseren Landen kein brennendes Thema mehr. Thematisch nicht ganz vom Tisch fegen kann man allerdings das Motiv dafür. Es macht schon einen Unterschied aus, ob man aus eigener Bequemlichkeit auf Kinder verzichtet oder aus Liebe zu potentiellen Kindern, denen ein Ungemach drohen könnte.

DIE VERWANDLUNG EINES LEIDENS IN EINE MENSCHLICHE LEISTUNG

Dem biologischen Schicksal trotzen

Das biologische Schicksal ist für die menschliche Freiheit das jeweils erst noch zu gestaltende Material. Dies ist, vom Menschen her gesehen, sein letzter Sinn. Tatsächlich sehen wir immer wieder, wie der Mensch es in sein historisches beziehungsweise biographisches Lebensgefüge sinnvoll einbaut. Wir begegnen immer wieder Menschen, denen es in vorbildlicher Weise gelungen ist, die ursprünglichen Einengungen und Beschränkungen ihrer Freiheit vom Biologischen her, die Schwierigkeiten, die sich ihrer Geistesentfaltung anfangs entgegenstellten, zu überwinden. So gleicht ihre definitive Lebensform einer künstlerischen oder einer sportlichen Leistung. Ersterer insofern, als die widerspenstige biologische Materie geformt wurde; letzterer in dem Sinne, in dem die Nation der Sportler par excellence, der Angelsachsen, die Redewendung to do one's best – sein Bestes hergeben – zu einem der häufigst und alltäglich gebrauchten Leitsätze gemacht hat. *Sein* Bestes herzugeben, das jeweils Mögliche getan zu haben, heißt jedoch: die Relativität einer Leistung in deren Beurteilung einbeziehen, die Leistung in Bezug auf den »Start« beurteilen, in Bezug auf die konkrete Situation, mit all ihren Schwierigkeiten, das heißt äußeren Hindernissen oder inneren Hemmungen.

Ein ganzes Menschenleben, von allem Anfang an, kann unter dem Zeichen des Trotzes gegen ein schicksalhaftes biologisches Handikap stehen, vom schwierigen »Start« an eine einzige große Leistung darstellen. Uns ist ein Mann bekannt, der infolge einer bereits im Mutterleib durchgemachten Gehirnerkrankung an allen vier Extremitäten teilweise gelähmt war und so verkümmerte Beine hatte, dass er zeitlebens nur in einem Rollstuhl fortbewegt werden konnte. Bis in seine spätere Jugend hinein wurde er allgemein für geistig zurückgeblieben gehalten und blieb er Analphabet. Bis schließlich ein Gelehrter sich seiner annahm und ihn unterrichten ließ; in unvorstellbar kurzer Zeit erlernte unser Patient nicht nur das Lesen, Schreiben und so weiter, sondern auch ein Hochschulwissen – in Fächern, für die er sich besonders interessierte. Eine Reihe prominenter Wissenschaftler und Universitätsprofessoren wetteiferten um die Ehre, sein Privatlehrer zu sein. In seinem Heim hielt er mehrmals in der Woche einen schöngeistigen Cercle ab, dessen bewunderter gesellschaftlicher Mittelpunkt er selber war. Schöne Frauen geizten um seine Liebesgunst; seinetwegen kam es unter ihnen zu Szenen, Skandalen, Suiziden. Bei all dem war dieser Mann nicht einmal imstande, normal zu sprechen: durch eine schwere allgemeine Athetose war auch seine Artikulation in Mitleidenschaft gezogen – schweißtriefend vor Anstrengung, mit krampfverzerrtem Gesicht, musste er um die motorische Gestaltung jedes einzelnen Wortes sichtlich ringen. Welche Leistung stellt doch die Lebensgestaltung dieses Menschen dar – welche Beweiskraft hat sie als Vorbild für unsere Kranken, die im Durchschnitt einen wohl bei weitem leichteren Start haben als dieser Fall, der, wenn es nur nach seinem »Schicksal« gegangen wäre, ebenso gut heute noch in einer Anstalt vegetieren und eines Tages dort krepieren würde.

KOMMENTAR

Zweifellos ist der geschilderte Mann zu bewundern. Die Story zeigt aber auch etwas, das leicht übersehen wird: Das Schicksal hat es nicht nur übel mit ihm gemeint. Es hat ihm neben seinem Handikap einen brillanten Verstand gewährt und einen Gelehrten zur Seite gestellt, der sich des Analphabeten annahm. Wo es Gründe zur Verzweiflung gibt, gibt es daneben (oft unbemerkt) Gründe zur Dankbarkeit.

Höchste Auszeichnung

Das Schicksal gehört also zu unserem Leben dazu, und so auch das Leiden; also hat, wenn das Leben Sinn hat, auch das Leiden Sinn. Auch das Leiden ist sonach, sofern notwendiges Leiden vorliegt, der Möglichkeit nach etwas Sinnvolles. Als solches wird es auch tatsächlich allenthalben anerkannt und gewürdigt. Vor Jahren kam einmal die Nachricht zu uns, dass die englische Pfadfinderorganisation drei Jungen für höchste Leistungen, die sie vollbracht hatten, ausgezeichnet hat; und wer erhielt diese Auszeichnungen? Drei Jungen, die unheilbar krank im Spital lagen und trotzdem ihr schweres Los tapfer und würdig ertrugen. Damit war offenkundig anerkannt worden, dass das rechte Leiden echten Schicksals eine Leistung, und zwar sogar die höchstmögliche Leistung darstellt. Die Alternative aus dem Goethe-Satz: »Es gibt keine Lage, die man nicht veredeln könnte entweder durch Leisten oder Dulden«, stimmt also bei tiefergehender Betrachtung nicht ganz: nicht Leistung oder Dulden kann letztlich die Frage sein – unter Umständen ist vielmehr Dulden selber die größte Leistung.

Der wesentliche Leistungscharakter wahrhaften Leidens ist meinem Empfinden nach vielleicht am deutlichsten in einem Wort von Rilke getroffen worden, der einmal aufschreit: »Wie viel ist aufzuleiden!« Die deutsche Sprache kennt nur den Ausdruck »aufarbeiten« – Rilke aber erfasste, dass unsere sinnvolle Lebensleistung mindestens ebenso im Leiden wie in der Arbeit abgestattet werden kann.

KOMMENTAR

Wenn Viktor Frankl vom »rechten Leiden echten Schicksals« sprach, dann meinte er die heroische Akzeptanz eines Kummers, der insofern »echt« ist, als er sich nicht durch irgendeine Intervention eliminieren lässt. Ein unangenehmes Schicksal, das sich korrigieren ließe, fordert ja keineswegs zum Dulden heraus, sondern vielmehr zur aktiven Umgestaltung. Erst in der »Ohnmacht« wird Duldung zur Leistung.

Leiden als Leistung

Ein geistig außergewöhnlich hochstehender Mann in jüngeren Jahren wird eines Tages aus seinem regen Berufsleben plötzlich herausgerissen, nachdem eine ziemlich rasch sich entwickelnde Querschnittsunterbrechung des Rückenmarks (auf Grund einer tuberkulösen Erkrankung der Wirbelsäule) zu Lähmungserscheinungen an den Beinen geführt hat. Eine Operation (Laminektomie) wird erwogen. Einer der bedeutendsten Neurochirurgen Europas wird von Freunden des Patienten interpelliert, äußert sich aber in prognostischer Hinsicht pessimistisch und lehnt die Operation ab. Darüber berichtet einer der

Freunde in einem Brief an eine Freundin des Kranken, in deren Landhaus er untergebracht ist. Das ahnungslose Stubenmädchen übergibt den Brief während des gemeinsamen Frühstücks der Herrin des Hauses mit dem kranken Gast. Was nun geschieht, schildert der Patient in einem Schreiben an einen Freund; wir entnehmen diesem Schreiben folgende Stellen: »… Eva konnte nicht umhin, auch mich den Brief lesen zu lassen. So gelangte ich zur Kenntnis meines Todesurteils, das in den Äußerungen des Professors enthalten war. – Lieber Freund! Ich erinnere mich an den *Titanic*-Film, den ich vor vielen Jahren gesehen habe. Im Besonderen erinnere ich mich jener Szene, in welcher der von Fritz Kortner dargestellte gelähmte Krüppel, das Vaterunser betend, eine kleine Schicksalsgemeinschaft dem Tod entgegenführt, während das Schiff untergeht und das Wasser an ihren Körpern immer höher steigt. Ich kam erschüttert aus dem Kino. Ich dachte, es müsse ein Geschenk des Schicksals sein, bewusst auf den Tod zuzugehen. Nun hat meines mir's gewährt! Ich darf nochmals das Kämpferische in mir erproben; aber in diesem Kampf geht es von vornherein nicht um Sieg, sondern um ein letztes Anspannen der Kräfte als solcher, um eine letzte gymnastische Übung gleichsam … Ich will die Schmerzen, solange es irgend geht, ohne Narkotika ertragen … Kampf auf verlorenem Posten? Dieses Wort darf es gar nicht geben! Aufs Kämpfen allein kommt es an … Es kann keine verlorenen Posten geben …

Abends haben wir die *Vierte* von Bruckner, die Romantische gespielt. Es war alles voll strömender, wohltuender Weite in mir. – Im Übrigen arbeite ich täglich Mathematik und bin gar nicht sentimental.«

Ein andermal mag eine Krankheit und die Nähe des Todes das Letzte aus einem Menschen herausholen, der bis dahin an seinen eigensten Möglichkeiten vorbeigegangen ist. Eine junge Frau, vom Leben recht verwöhnt, wurde eines Tages unvermutet in ein Konzentrationslager gebracht. Dort wurde sie krank und verfiel von Tag zu Tag. Wenige Tage bevor sie starb, äußerte sie: »Eigentlich bin ich meinem Schicksal dankbar dafür, dass es mich so hart getroffen hat. In meiner früheren, bürgerlichen Existenz war ich sicherlich irgendwie zu lax. Mit meinen schöngeistigen Ambitionen war es mir nicht ganz ernst.« Dem Tod, den sie kommen sah, blickte sie fest ins Auge. Von dem Platz im Krankenrevier, wo sie lag, konnte man durchs Fenster einen soeben in Blüte stehenden Kastanienbaum sehen; wenn man sich zum Kopfe der Kranken hinabneigte, erblickte man gerade noch einen Zweig mit zwei Blütenkerzen. »Dieser Baum ist der einzige Freund in meinen Einsamkeiten«, sagte die Frau; »mit ihm unterhalte ich mich.« Sollte sie halluzinieren, war sie vielleicht delirant? Meinte sie doch, er »antworte« ihr auch. Aber es fehlten alle Anzeichen für einen deliranten Zustand. Was war das für eine merkwürdige »Zwiesprache« – was hatte der blühende Baum der sterbenden Frau »gesagt«? – »Er hat gesagt: Ich bin da – ich bin da – ich bin das Leben, das ewige Leben.«

Viktor von Weizäcker hat einmal davon gesprochen, dass der Kranke als der Leidende dem Arzt gegenüber irgendwie überlegen sei. Das kam einem so recht zu Bewusstsein, wenn man jene Kranke verließ. Ein Arzt, der feinfühlig genug für die Imponderabilien einer Situation ist, wird gegenüber einem unheilbar Kranken oder einem Sterbenden immer das Gefühl haben, diesem Menschen nicht ohne eine gewisse Beschämung gegenübertreten zu können. Ist doch der Arzt selber ohnmächtig und unfähig gewesen, dem Tod das Opfer zu entreißen; der Patient aber steht als ein Mensch da, der dem Schicksal standhält, indem er es in stillem Leiden auf sich nimmt und damit auf einer metaphysischen Ebene eine echte Leistung vollbringt – während der Arzt in der physischen Welt, im ärztlichen Leistungsbereich, soeben versagt.

KOMMENTAR

Angesichts des Todes relativiert sich alles, was bisher das Sehnen und Streben eines Menschen bestimmt hat. Besitztümer und gehobene Positionen schrumpfen zu wertlosen Anhängseln. Der Kontaktradius verdünnt sich. Aber in der Einsamkeit leuchten wahre Werte auf: eine innige Beziehung – zu einer Partnerin, zur Musik, zu einem Baum ... zur Spiritualität ...

Eine Tragödie als Triumph

Zuletzt zeigt sich, dass auch dort, wo wir mit einem Schicksal konfrontiert sind, das sich einfach nicht ändern lässt beziehungsweise sich vorderhand nicht ändern lässt – sagen wir mit einer unheilbaren Krankheit, mit einem inoperablen Karzinom –, dass also auch dort, wo wir als hilflose Opfer mitten in eine hoffnungslose Situation hineingestellt sind, auch dort, ja gerade dort, sich das Leben noch immer sinnvoll gestalten lässt; denn dann können wir sogar das menschlichste im Menschen verwirklichen und gleichsam Zeugnis ablegen von der menschlichsten aller menschlichen Fähigkeiten: eine Tragödie in einen persönlichen Triumph umzusetzen, ein Leiden in eine menschliche Leistung umzugestalten. Georg Moser gibt eine Geschichte wieder, die ihm ein Arzt erzählt hat: Wenige Jahre nach dem Zweiten Weltkrieg begegnete der Arzt einer jüdischen Frau, die ein Armband mit den in Gold gefassten Milchzähnchen ihrer Kinder trug. »Ein schönes Armband«, bemerkte der Arzt. »Ja«, antwortete die Frau; »dieses Zähnchen ist von Miriam und das von Esther und das von Samuel …« Sie nannte dem Alter nach alle Namen ihrer Töchter und Söhne. »Neun Kinder«, fügte sie hinzu, »und alle sind in die Gaskammern geschleppt worden.« Bestürzt fragte der Arzt: »Wie können Sie nur mit einem solchen Armband leben?« Verhalten erwiderte die

Frau: »Ich habe in Israel die Leitung eines Waisenhauses übernommen.«*

Aufgrund dieser Möglichkeit, ein persönliches Leiden in eine menschliche Leistung zu transfigurieren, ist das Leben potentiell bis zuletzt sinnvoll – im Allgemeinen gilt es ohnehin erst »zuletzt«, die Möglichkeit zu verwirklichen, auch das Leiden und noch das Sterben sinnvoll zu gestalten.

KOMMENTAR

Die hier von Frankl geäußerten Gedanken korrespondieren mit der modernen Resilienzforschung. Es gibt Personen, die nicht nur fähig sind, Tragödien seelisch unbeschadet zu überstehen, sondern sogar einen Kräftezuwachs aus ihnen herauszuholen. Typisch für sie ist, dass sie sich konsequent und aus tiefster Überzeugung einer neu entdeckten sinnvollen Aufgabe zuwenden.

* Georg Moser, *Wie finde ich zum Sinn des Lebens?*, 5. Aufl., Freiburg im Breisgau 1990.

Äußerer und innerer Erfolg

Dass dem Sinn, der sich aus Kranksein und Sterben ergeben mag, alle äußere Erfolglosigkeit und alles Scheitern in der Welt nichts anhaben kann, dass es sich hier vielmehr um einen inneren Erfolg handelt und dieser innere Erfolg trotz äußerer Erfolglosigkeit besteht, wird nunmehr klar sein. Klar aber vielleicht auch, dass dies alles nicht nur für besondere Fälle gilt, sondern dass wir es auch auf unser aller Leben und unser ganzes Leben anzuwenden haben. Denn irgendwie ist ja unser aller Leben schließlich erfolglos – sofern wir unter Erfolg eben nur den äußeren Erfolg verstehen: Kein äußerer Erfolg, kein Effekt, kein biologischer oder soziologischer nämlich, da draußen in der Welt – hat die Gewähr, uns zu überdauern oder gar ewig zu dauern. Der innere Erfolg jedoch, die innere Sinnerfüllung des Lebens, ist etwas, das, wenn überhaupt, dann »ein für allemal« erreicht wurde. Dass dieses Ziel oftmals erst am Ende des Daseins erreicht wird, tut dem Sinn des Lebens nicht Abbruch, es rundet vielmehr dieses »Ende« zu einer Voll-endung erst ab. Es ist schwer, diese Dinge anhand alltäglicher Beispiele sichtbar und glaubhaft zu machen. Dazu bietet sich uns umso mehr die Kunst an. Ich erinnere beispielsweise an die Novelle von Werfel *Der Tod des Kleinbürgers*. Hier schildert Werfel die Gestalt des alltäglichen, kleinen, kleinbürgerlichen Menschen, dessen ganzes Leben aus

Elend und Sorgen besteht und in ihnen aufzugehen scheint. Da wird dieser Mann krank und in ein Spital gebracht. Und nun zeigt uns Werfel, wie dieser Mann einen heroischen Kampf gegen den nahenden Tod führt, weil seine Familie eine Versicherungsprämie ausbezahlt bekäme, wenn er erst nach dem Neujahrstag stirbt, andernfalls jedoch der Versicherungsfall nicht eintreten würde. Und in diesem Kampf mit dem Tode nun, in diesem Ringen um das Erleben des Neujahrstags, in diesem Ringen um die finanzielle Sicherstellung der Familie, wächst dieser schlichte und einfache Mensch zu einer menschlichen Größe hinan, die eben nur ein Dichter darzustellen vermag. Oder man denke an das irgendwie parallele Geschehen in der Tolstoi-Novelle *Der Tod des Iwan Iljitsch*. Auch hier haben wir es mit einem spießbürgerlichen Menschen zu tun, der erst angesichts des Todes und der abgründigen Sinnlosigkeit bisheriger Existenz, wie sie jetzt vor sein Bewusstsein tritt, verzweifelt, aber in der Verzweiflung über diese Sinnlosigkeit sich wandelt und in dieser Wandlung, mit dieser Wandlung, gleichsam rückwirkend seinem vergeblichen Leben irgendwie doch noch Sinn verleiht, ja gerade durch dieses Erleben der bisherigen Vergeblichkeit sein Leben als Ganzes zu einem sinnvollen weiht.

KOMMENTAR

Wir sollten uns beizeiten mit unserer Sterblichkeit versöhnen. Viele Menschen stecken vor dem Tod den Kopf in den Sand und agieren fahrlässig gleichgültig, als würden sie ewig leben. Daraus aufgeschreckt zu werden ist für sie wie ein Schock. Wer hingegen die Limitierung seiner Zeit sanft vor Augen hat, schätzt jede Minute seines Daseins und nützt sie mit Bedacht und Freuden.

ZUR PROBLEMATIK VON GLÜCKSTREBEN UND WERTKONFLIKTEN

Furcht vor Unerfülltheit

Wir möchten zur näheren Erläuterung der Notwendigkeit, die Leidensfähigkeit der Kranken wiederherzustellen, den Fall eines Morphinisten kurz erwähnen: Der Patient war seit seiner Kindheit deprimiert. Sein Widerstand gegen alle Entziehungskuren liegt nun zutiefst darin begründet, dass ihn eine gewisse Wehleidigkeit – eben seine Leidensunfähigkeit – von der Gesundung abhält: »Ich würde dann eigentlich gar nicht gesund werden, sondern müsste in eine Depression hinaus; diese Depression jedoch kann ich einfach nicht ertragen. Und wenn es nicht die Depression ist, dann ist es irgendein Konflikt, dem ich gegenübergestellt sein würde.« Wie so viele solcher Kranker, so krankt also auch er an einer Überbetonung, am Zu-wichtig-nehmen des Lust-Unlust-Vorzeichens allen Erlebens. Was dieser vordergründigen Stellung der Faktizität solcher Zuständlichkeiten wie Lust beziehungsweise Unlust zuletzt zugrunde liegt, ist aber nichts anderes als eine Abkehr von der Existenzialität des Daseins: Flucht vor der Unlust im Leben ist allemal Furcht vor der Unerfülltheit des Daseins. Anlässlich des Vorhalts dieser geistigen Hintergründigkeit der seelischen Symptome ruft unser Kranker denn auch tatsächlich aus: »Das ist die Wurzel! Das ist richtig – das höre ich aber zum ersten Mal.« Auch dieser Patient gibt zu: »Immer brauche ich Sensationen; denn mein ganzes Leben war ein Suchen, nach irgendetwas, das ich nicht gehabt habe – ich will aufgehen in etwas, will mich erfüllen in etwas, das mir die Achtung vor mir selbst zurückgibt. Nur darum ging es mir, wenn ich schwer gearbeitet habe – und gerne! Jeden Abend konnte ich mir dann nämlich sagen: Ich habe meine Pflicht getan. So hatte ich etwa an der Front die beste Zeit; jetzt hingegen, wo alles ruhig ist, nach dem Krieg – ist eine Leere da.« Bis in die allfällige religiöse Verwurzelung der *Inquietas cordis* ließ sich in diesem Falle allerdings nicht hineinleuchten; der Patient gab nur zu, »tief religiös erzogen, aber nicht bigott« zu sein: »Ich glaube an etwas über mir, vor dem ich Achtung haben muss«, meint er bloß. Bemerkenswert in diesem Falle erscheint uns nun auch, dass er »auch in der Arbeit nur eine Betäubung« sucht: »Bisher hat sich noch jeder Vorgesetzte darüber gewundert, dass ich soviel leisten kann.« Unser Kranker ist also nur deshalb so arbeitssüchtig, weil er eben unlustflüchtig ist. So sehen wir denn, wie verfehlt es wäre, wollte man die Zielsetzung der Psychotherapie auf die Wiedergewinnung der

Arbeits- und Genussfähigkeit einschränken: Entweder würden wir auf diesem Wege unter Umständen einer neurotischen Arbeitssucht nur noch in die Hände arbeiten oder aber dem Lusthunger beziehungsweise der Unlustflucht. Demgegenüber galt es etwa im angeführten konkreten Falle, die Bereitschaft zu fördern, die mit dem Leben nun einmal notwendig verbundene Unlust auf sich zu nehmen beziehungsweise sie in Kauf zu nehmen um eines Daseinssinnes willen, im Vergleich zu dem sie unwesentlich wird.

KOMMENTAR

Um aus einer Drogensucht auszusteigen, muss man wirklich viel »Unlust« in Form von grauenhaften Entzugserscheinungen in Kauf nehmen. Das macht man nicht, um weiterhin im »existenziellen Vakuum« zu hocken. Hat man jedoch eine Sinnvision, die einem in Form attraktiver Pläne vorschwebt, dann ringt man sich auch zum Entzug durch. Die Frage »Wozu« ist dabei von elementarer Bedeutung.

Luststreben und Versagen

Ein junger Mann suchte einen Arzt wegen einer Potenzstörung auf. Es ergab sich, dass er nach jahrelangem Kampf seine Partnerin endlich dazu überredet hatte, ihm »anzugehören«. Sie versprach ihm, »zu Pfingsten« sich ihm hingeben zu wollen. Dieses Versprechen gab sie vierzehn Tage vor Pfingsten. Die ganzen zwei Wochen konnte der Junge vor Spannung und Erwartung kaum schlafen. Dann machten beide einen zweitägigen Pfingstausflug, wobei sie in einer Schutzhütte übernachteten. Als der Patient am Abend die Treppe zum gemeinsamen Zimmer hinaufging, war er so aufgeregt – im Sinne von Erwartungsangst und nicht Sexualerregung –, dass er, wie er später schilderte, vor Zittern und Herzklopfen nicht einmal recht gehen konnte. Und da hätte er potent sein sollen? Der Arzt musste ihm nur begreiflich machen, wie unmöglich dies angesichts der konkreten äußeren und inneren Situation gewesen wäre und wie verständlich die Reaktion des Patienten auf seine Situation war – verständlich als menschliches und als noch nicht krankhaftes Verhalten! So sah der Patient schließlich ein, dass man von einer Impotenz, wie er sie gefürchtet hatte, füglich nicht sprechen konnte. Dies allein musste bereits dem sexuell unsicher Gewordenen die nötige Selbstsicherheit zurückgeben. Es war ihm klargeworden, dass ein Mensch dazu gar nicht krank sein muss, um dies nicht zu können: gleichzeitig liebend an den Partner hingegeben sein (die Voraussetzung sexueller Genuss- und Leistungsfähigkeit) und sich selber ängstlich erwartend beobachten.

Es zeigt sich also immer wieder und so auch hier, im Gebiet des Sexuallebens, in dessen Psychologie und Pathologie, wie verfehlt alles Glücksstreben des Menschen ist und wie gerade das verkrampfte Streben nach Glück, nach dem Genuss als solchem, zum Scheitern verurteilt ist. Wir sagten schon in anderem Zusammenhang, dass der Mensch eigentlich auch gar nicht nach Glück strebe, dass er im Allgemeinen die Lust gar nicht suche. Woran dem Menschen liegt, ist nicht die Lust an und für sich, sondern ein Grund zur Lust. *In dem Maße, in dem Lust aber wirklich zum Inhalt seiner Intention und womöglich auch noch zum Gegenstand seiner Reflexion wird, verliert er den Grund zur Lust aus den Augen und sackt die Lust auch schon in sich zusammen.* Und wenn Kant meinte, der Mensch wolle glücklich sein, das aber, was er solle, sei »glückswürdig« sein – dann meinen wir demgegenüber: Ursprünglich will der Mensch gar nicht glücklich sein, was er will, ist vielmehr – zum Glücklichsein Grund haben! Damit ist gesagt, dass alle Abbiegung seines Strebens vom jeweiligen Gegenstand der Intention auf diese selbst, vom Ziel des Strebens (dem »Grund« des Glücklichsein) auf die Lust (die Folge des Zielerreichens) – gleichsam einen abkünftigen Modus menschlichen Strebens darstellt. Diesem abkünftigen Modus geht die Unmittelbarkeit ab.

KOMMENTAR

Lust und Glück lassen sich nicht erzwingen, herbeiordern, erhaschen. Man kann sich auch nicht in einen Stuhl setzen und zehn Minuten lang freuen wollen. All diese schönen Empfindungen sind Nebeneffekte, die sich auf leisen Sohlen einstellen, wenn man einem Wert begegnet beziehungsweise huldigt, der einem das Herz höher schlagen lässt. Das Leben streut Geschenke aus – aber nicht auf Befehl.

Auf einen gemeinsamen Nenner bringen

Da Werte irgendwie inkommensurabel sind und eine Entscheidung jeweils nur auf Grund des Vorziehens (Scheler) möglich ist, ist es unter Umständen notwendig, einem Menschen auch hierbei zu helfen. Die Notwendigkeit und Möglichkeit solcher Hilfe soll an folgendem kasuistischem Beispiel erläutert werden. Ein junger Mann erschien in der Sprechstunde seines Arztes, um sich in einer aktuellen Entscheidung beraten zu lassen: Die Freundin seiner Braut hatte ihn zu einem einmaligen sexuellen Abenteuer animiert; nun fragte der junge Mann, wie er sich entscheiden solle, was er zu tun habe; durfte er seine Braut – die er sehr liebte und hochschätzte – betrügen, oder sollte er dies lieber bleiben lassen und ihr die Treue bewahren, die er ihr gefühlsmäßig schuldete? Der Arzt lehnte selbstverständlich jedes Eingreifen in die Entscheidung grundsätzlich ab. Darüber hinaus ging er jedoch – mit Recht – daran, zu versuchen, dem Patienten klarzumachen, was er eigentlich wolle – was er im einen wie im anderen Falle letztlich bezwecke. Nun, auf der einen Seite hatte der junge Mann die einmalige Gelegenheit zu einem einmaligen Genuss – auf der andern aber die ebenso einmalige Gelegenheit zur Verzichtleistung um der Liebe willen – zu einer »Leistung« vor seinem eigenen Gewissen (und nicht vor seiner Braut, die ja von der ganzen Angelegenheit niemals etwas hätte erfahren dürfen). Mit der Chance des Sexualgenusses hatte der junge Mann deshalb kokettiert, weil er, wie er sich ausdrückte, »sich nichts entgehen lassen wollte«.

Nun, der ihm sich bietende Genuss wäre voraussichtlich fragwürdig ausgefallen; war doch dieser Patient bei seinem Arzt wegen Potenzschwierigkeiten in Behandlung gestanden. Der Arzt musste daher annehmen, dass das schlechte Gewissen dem Kranken in Form einer Potenzstörung einen Strich durch die Rechnung machen würde. Abgesehen von dieser utilitaristischen Erwägung, die der Arzt verständlicherweise für sich behielt, bemühte er sich nun, dem Patienten seine Situation zu erleichtern, die jener des »Buridanschen Esels« glich, der – nach der bekannten scholastischen Theorie – verhungern muss, weil er zwischen zwei Krippen von gleicher Entfernung und mit gleich großen Haferportionen sich nicht entscheiden kann. Der Arzt versuchte nun, die beiden zur Entscheidung stehenden Möglichkeiten sozusagen auf einen gemeinsamen Nenner zu bringen. Beide Möglichkeiten waren »einmalige Gelegenheiten«, in beiden möglichen Fällen einer Entscheidung hätte sich der Patient »etwas entgehen lassen«; im einen Falle einen fragwürdigen Genuss und, im andern Falle, vor sich selber jene tiefe Dankbarkeit zu dokumentieren, die er gegenüber seiner Braut empfand und angeblich niemals so recht zum Ausdruck bringen konnte. Jetzt konnte der stillschweigende Verzicht auf ein Abenteuer der Ausdruck dieser Dankbarkeit werden! Der junge Mann hatte also nicht nur gelernt, dass er sich in beiden Fällen »etwas entgehen lassen« hätte, sondern auch: im einen Falle verhältnismäßig wenig, im andern jedoch unverhältnismäßig viel. Ohne dass man ihm den Weg hätte weisen müssen, wusste der Patient darum, welchen Weg er einzuschlagen hatte; nunmehr traf er seine Entscheidung, er traf sie selbständig – selbständig nicht trotz, sondern gerade wegen der klärenden Unterredung.

KOMMENTAR

Es ist nicht Aufgabe eines Beraters, Patienten Entscheidungen abzunehmen (was man sowieso nicht kann). Insofern hat Viktor Frankl das Problem gut gelöst. Er brachte den Ich-orientierten Konflikt »Sexualgenuss oder Verzicht« in die Du-orientierte Version »heimliche Hintergehung oder dankbarer Liebesbeweis«. Damit war die Braut bei der Entscheidungsfindung mit an Bord – und gewann.

Anpassung um jeden Preis?

Die noogenen Neurosen verlangen eine Therapie, die dort ansetzt, wo die Neurose wurzelt; eine Therapie vom Geistigen her (wie ich sie als Logotherapie bezeichnet habe) beziehungsweise eine Therapie insofern auf Geistiges hin, als sie die personal geistige Existenz anpeilt (ich habe sie Existenzanalyse genannt).

Ein konkret kasuistisches Beispiel soll all dies erläutern: Eine Patientin wendet sich an uns wegen Nervosität, Weinerlichkeit, Stottern, Schwitzen, Zittern, Lidflattern und Gewichtsabnahme von sieben Kilogramm in vier Monaten. All dem liegt zugrunde ein Gewissenskonflikt zwischen Ehe und Glauben: soll sie die eine dem anderen opfern oder umgekehrt? Sie legt größten Wert auf eine religiöse Erziehung ihrer Kinder, während ihr Mann, ein ausgesprochener Atheist, entschieden dagegen ist. An sich ist der Konflikt menschlich und nicht krankhaft; nur die Konfliktwirkung, die Neurose, ist Krankheit. Aber sie lässt sich nicht behandeln, ohne dass wir auf eine Sinn- und Wertfrage eingehen. Behauptet doch die Patientin selbst, sie könnte das schönste Leben, ihre Ruhe und ihren Frieden (peace of mind!) haben, wenn sie sich ihrem Mann – allgemein ihrer gesellschaftlichen Umwelt – anpassen würde. Aber das Problem lautet: *Soll man sich – darf man sich um jeden Preis anpassen, noch dazu* diesem Mann, *dieser Gesellschaft?* Aber dies: sich der Lebensauffassung ihres Mannes anpassen –

könne sie doch nicht, meint sie, denn das hieße ihr »Selbst« opfern. Nun, hätte die Patientin diese Bemerkung nicht gemacht, so hätte die psychotherapeutische – im konkreten Falle: logotherapeutische – Behandlung der (offenbar noogenen, aus einem geistigen Konflikt entstandenen und daher vom Geistigen her behandlungsbedürftigen) Neurose die Patientin keinesfalls in der einen oder anderen Richtung: sei es Anpassung an ihren Mann, sei es Selbstbehauptung ihrer eigenen Weltanschauung – bestärken dürfen; denn die Logotherapie hat den Menschen zum Bewusstsein seines Verantwortlichseins zu bringen; aber darüber hinaus darf sie ihm keinerlei konkrete Werte vermitteln, muss sich vielmehr darauf beschränken, den Patienten die auf eine Verwirklichung durch ihn wartenden Werte und den einer Erfüllung durch ihn harrenden Sinn selbsttätig finden zu lassen. Was hingegen auf keinen Fall in Betracht kommt, ist ein Oktroi der Wertrangordnung und Weltanschauung des Therapeuten auf den Patienten. Nun hat die Patientin ausdrücklich zu verstehen gegeben: auf ihre religiöse Überzeugung beziehungsweise deren Umsetzung in die Tat verzichten hieße ihr Selbst opfern – und dies gibt uns therapeutisch das Recht, ihr klarzumachen, dass ihre neurotische Erkrankung nichts anderes darstellt als das Resultat der drohenden beziehungsweise bereits stattgehabten geistigen Vergewaltigung ihrer selbst. Zuerst einmal galt es, durch Dämpfung der affektiven Resonanz des Organismus auf medikamentösem Wege die psychophysischen Wirkungen des geistigen Konflikts abzuschirmen, sodann jedoch, auch eine kausale Therapie in die Wege zu leiten, indem wir der Patientin zwar widerrieten, sich in prinzipieller Hinsicht, hinsichtlich ihrer weltanschaulichen Prinzipien, ihrem Manne anzupassen, nur um so mehr aber empfahlen, in taktischer Hinsicht, gerade aus ihrer religiösen Überzeugung heraus, jede Provokation ihres Mannes zu vermeiden und ihm den Weg zu einem besseren Verständnis ihrer eigenen Überzeugung zu bereiten und zu ebnen.

KOMMENTAR

Auch dieses Problem hat Frankl weise gelöst. Bei heftigen Konflikten sehen Patienten oft nur noch zwei Alternativen, die beide inakzeptabel sind. Kann man ihnen eine dritte Alternative in Richtung eines akzeptablen Kompromisses aufzeigen, greifen sie gerne zu. Kompromisse sind »Seiltänze« zwischen eigener Standfestigkeit und gütiger Nachgiebigkeit – um Frieden zu retten.

DIE METHODE DER PARADOXEN INTENTION

Das Herz soll klopfen ...

Die paradoxe Intention ist echteste Logotherapie. Der Patient soll die Neurose objektivieren und sich von ihr distanzieren, und zwar sich qua geistige Person von der Neurose qua Affektion des psychophysischen Organismus, das heißt, das Geistige im Menschen soll vom Seelischen an ihm abrücken. Wo immer der fakultative psychonoetische Antagonismus auf diesem Wege zu einem faktischen gemacht, aktualisiert und realisiert wird, geschieht Logotherapie im besten Wortsinn, wie J. M. David nachzuweisen vermochte.*

Im Folgenden soll die Anwendbarkeit paradoxer Intention nun kasuistisch belegt werden:

Marie B. (Neurologische Poliklinik, 394/1955 beziehungsweise 6254/1955). Die Patientin wurde behandelt und ihre gekürzt wiedergegebene Krankengeschichte verfasst von Dr. Kocourek.

---

* »Sobre la Intención paradojal, un nuevo metodo psicoterapeutico y su aplicacion en las fobias y las neurosis obsesivas«, Vortrag auf dem 1. Argentinischen Kongress für Psychologie in Tucuman, 1954.

Die Mutter der Patientin habe an einem Waschzwang gelitten. Sie selbst stehe seit elf Jahren wegen einer vegetativen Dystonie in Behandlung; trotzdem sei sie zunehmend nervös geworden. Im Vordergrund des Krankheitsbildes steht anfallsweises Herzklopfen; mit ihm einher geht Angst und »ein kollapsartiges Gefühl«. Nach den ersten Herz- und Angstanfällen habe sich die Angst eingestellt, dass es wieder zu alledem kommen könnte, woraufhin die Patientin das Herzklopfen auch schon bekommen habe. Im Besonderen fürchte sie sich davor, auf der Straße zusammenzustürzen oder vom Schlag getroffen zu werden. Die Patientin wird nun von Dr. Kocourek angewiesen, sich zu sagen: »Das Herz soll noch mehr klopfen. Ich werde versuchen, auf der Gasse zusammenzustürzen.« Die Patientin wird angewiesen, trainingsmäßig alle ihr unangenehmen Situationen aufzusuchen und ihnen nicht auszuweichen. Zwei Wochen nach der Aufnahme berichtet die Patientin: »Ich fühle mich sehr wohl und habe kaum mehr Herzklopfen. Die Angstzustände sind vollkommen geschwunden.« Nachdem die Patientin entlassen worden war, berichtete sie später: »Habe ich ab und zu Herzklopfen, sage ich mir: ›Das Herz soll noch mehr klopfen.‹ Das Herzklopfen hört dann auch wieder auf.«

Es versteht sich von selbst, dass *vor* einer solchen Therapieanweisung die Gesundheit des Herzens überprüft wird. Doch gibt es viele Beschwerden ohne organischen Befund, sondern auf reiner Angstbasis. Für diese Beschwerden ist die Methode der paradoxen Intention ideal. Was man sich lächelnd »wünscht«, kann man nicht gleichzeitig fürchten – und ohne Furcht keine Beschwerden!

Der Humor als Existenzial

Ein konkreter Fall: Ein junger Kollege wendet sich an uns; er leidet an einer schweren Hidrophobie. Von Haus aus ist er vegetativ labil. Eines Tages reicht er seinem Vorgesetzten die Hand und beobachtet dabei, dass er in auffallendem Maße in Schweiß gerät. Das nächste Mal, bei analoger Gelegenheit, erwartet er bereits den Schweißausbruch,

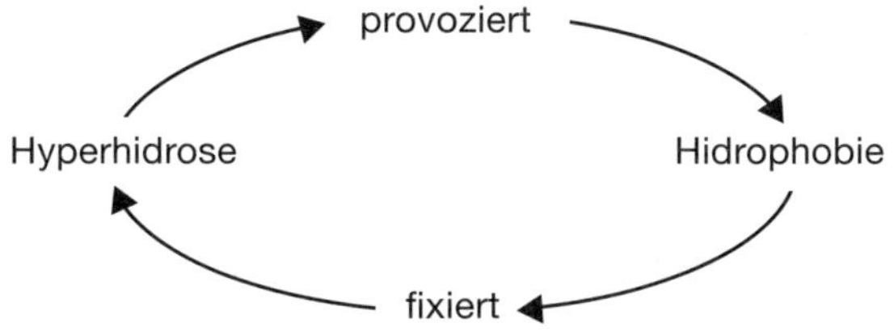

und die Erwartungsangst treibt ihm auch schon den Angstschweiß in die Poren, womit der *Circulus vitiosus* in sich geschlossen ist: *Die Hyperhidrose provoziert die Hidrophobie, und die Hidrophobie fixiert die Hyperhidrose*. Unser hidrophober Kollege wurde nun von uns angewiesen, gegebenenfalls – in ängstlicher Erwartung eines Schweißausbruchs – geradezu sich vorzunehmen, demjenigen, dem er da begegnet, recht viel »vorzuschwitzen«. »Bisher hab' ich nur einen Liter zusammengeschwitzt«, so sagte er jeweils zu sich selbst (wie er uns nachträglich gestand); »jetzt aber will ich zehn Liter herausschwitzen!« Und das Ergebnis? Nachdem er vier Jahre lang an seiner Phobie gelitten hatte, konnte er sich von ihr auf diesem von uns gewiesenen Wege – nach einer einzigen Sitzung – innerhalb einer Woche vollends und endgültig befreien.

An Stelle der Furcht war der Wunsch getreten, der heilsame Wunsch. Selbstverständlich ist solch ein Wunsch nicht ernstlich und endgültig gemeint, aber es kommt ja nur darauf an, dass man einen Augenblick lang ihn hegt; der Patient lacht zumindest innerlich in sich hinein, im gleichen Augenblick, und dieses Lachen, wie aller Humor, lässt den Patienten von seiner Neurose, den neurotischen Symptomen, sich distanzieren. Und nichts vermöchte einen Menschen in solchem Maße instand zu setzen, Distanz zu schaffen zwischen irgendetwas und sich selbst, als eben der Humor. Durch ihn lernt es der Patient am ehesten noch, seine neurotischen Symptome irgendwie zu ironisieren. Zwar mag das phobische Symptom, dem sich die paradoxe Intention zunächst zuwendet, nur den symptomatologischen Vordergrund einer hinter ihm stehenden tieferen, ja bis ins Existenzielle hineinreichenden Urangst darstellen; aber auch die paradoxe Intention ist ja das Medium einer tiefer gehenden und existentiell durchgreifenden Umstellung, will heißen: der Wiederherstellung eines Urvertrauens zum Dasein.

Nichts lässt den Patienten von sich selbst so sehr distanzieren wie der Humor. Der Humor würde verdienen, ein Existenzial genannt zu werden. Nicht anders als die Sorge (M. Heidegger) und die Liebe (L. Binswanger).

Der Patient soll lernen, der Angst ins Gesicht zu sehen, ja, ihr ins Gesicht zu lachen. Hierzu bedarf es eines Mutes zur Lächerlichkeit. Der Arzt darf sich nicht genieren, dem Patienten vorzusagen, ja vorzuspielen, was sich der Patient sagen soll. Wenn der Patient lächelt, sagen wir ihm: »Auch wenn Sie all dies sich selbst sagen werden, werden Sie lächeln und gewonnenes Spiel haben.«

KOMMENTAR

Ich kann aufgrund meiner eigenen psychotherapeutischen Praxis nur bestätigen, dass diese Methode von Viktor Frankl hervorragend effektiv ist. Personen, die sich jahrelang mit irrationalen Ängsten herumgequält haben, was ihren ganzen Alltag beeinträchtigt hat, konnten sich mit Hilfe der paradoxen Intention in kürzester Zeit davon befreien und in ein normales Leben zurückkehren.

Vom Stottern geheilt

Ein Fall von Stottern betrifft einen Studenten an der Duquesne University, der mir folgendes schreibt: »Siebzehn Jahre hindurch war ich ein schwerer Stotterer. Es gab Zeiten, zu denen ich überhaupt außerstande war zu sprechen. Ich war auch wiederholt in Behandlung, hatte aber keinen Erfolg. Da wurde mir eines Tages von einem Professor der Auftrag erteilt, im Rahmen eines Seminars Ihr Buch *Man's Search for Meaning* zu besprechen. So las ich es denn und stieß auch auf Ihre paradoxe Intention. Daraufhin beschloss ich, sie auch in meinem eigenen Falle zu versuchen, und siehe da, gleich das erste Mal wirkte sie fabelhaft. Von Stottern war keine Spur. Dann machte ich mich auf und begab mich in jene Situationen, in denen ich immer gestottert hatte, aber wieder blieb das Stottern aus, sobald ich die paradoxe Intention anwandte. Ein paarmal wandte ich sie aber nicht an, und sofort war das Stottern auch wieder da. Ich sehe darin einen Beweis dafür, dass es tatsächlich die paradoxe Intention war, die mich von dem Stottern befreit hatte.«

Der Pikanterie entbehrt nicht ein Bericht, den ich Uriel Meshoulam, einem Logotherapeuten von der Harvard University, verdanke: Einer seiner Patienten wurde vom australischen Militär einberufen und war überzeugt, er würde nicht eingezogen werden, da er ein schwerer Stotterer war. Als er nun assentiert wurde, versuchte er vor dem Arzt dreimal, zu demonstrieren, wie schwer sein Stottern war, und war einfach total unfähig, überhaupt zu stottern. Schließlich wurde er zurückgestellt, aber auf Grund von hohem Blutdruck. »The Australian army probably doesn't believe him until today« – so schließt der Bericht – »that he is a stutterer.«

KOMMENTAR

Stottern kann verschiedene Ursachen haben, weswegen die Methode der paradoxen Intention nur dann hilft, wenn eine starke Erwartungsangst die vorrangige Rolle dabei spielt. Es ist merkwürdig, dass Negativerwartungen das Negative irgendwie »anziehen«. Wer Versagen fürchtet, tendiert zum Versagen. Wir sollten uns deswegen vor »Prophezeiungen des Schlechten« hüten – sie könnten in Erfüllung gehen.

Irrationale Angst vor Schuld

In Fällen von Kriminophobie ist die paradoxe Intention nicht weniger indiziert. Um ein Beispiel beizubringen (Neurologische Poliklinik, Amb.-Prot. Nr. 1015, ex 1957):

Patientin ist dreiundzwanzig Jahre alt und leidet seit dem siebzehnten Lebensjahr an der Zwangsvorstellung, sie könnte im Vorbeigehen, ohne es zu wissen, jemanden umgebracht haben. Muss dann mehrfach zurückgehen, sich vergewissern, ob nicht irgendwo am Weg eine tote Frau liegt. Sie wird von Frau Dr. Niebauer behandelt (paradoxe Intention). Der Patientin wird geraten, sie solle sich sagen: Gestern habe ich schon dreißig umgebracht, heute erst zehn, da muss ich rasch weitergehen, damit ich mein heutiges Pensum noch rechtzeitig erledige. Sechs Tage später (Tonbandaufnahme): »Ich muss sagen, das mit der paradoxen Intention haut hin, ich muss mich gar nicht noch umschauen. Mit der Zwangsvorstellung, dass ich jemanden ermordet hätte, werde ich ganz gut fertig – ich kann sie wegbringen!« Frau Dr. Niebauer: »Wie verhalten Sie sich denn jetzt?« Patientin: »Ganz einfach, ich sage mir, wenn eine solche Zwangsvorstellung aufkommt, dass ich gleich weiter muss, um mein Pensum rechtzeitig zu erledigen, da ich ja noch so viele umzubringen habe. Dann ist aber auch der Zwang weg.«

KOMMENTAR

Für Laien mag die Zwangsvorstellung der Patientin höchst alarmierend klingen, aber ich kann sie beruhigen: Solche Zwangsideen werden nicht in die Tat umgesetzt. Sie sind bloß »Kino im Hirn«, ein Horrorfilm sozusagen, an dem die Kranken massiv leiden. Wie unendlich erleichtert sind sie, wenn sie in der paradoxen Intention den »Knopf zum Abschalten« gefunden haben!

»Schlangen« vertreiben

Die paradoxe Intention wird nicht nur von einzelnen Individuen ad usum proprium erfunden. Das ihr zugrunde liegende Prinzip wurde auch schon von der vorwissenschaftlichen Psychiatrie entdeckt. J. M. Ochs hielt in der Pennsylvania Sociological Society an der Villanova University einen Vortrag, in dem er die Ansicht vertrat, die Ethnopsychiatrie wende Prinzipien an, die später von der Logotherapie systematisiert worden seien.* Im Besonderen sei die Volksmedizin der Ifaluk ausgesprochen logotherapeutisch. »The Shaman of Mexican-American folk psychiatry, the curandero, is a logotherapist.« Ochs verweist auch auf Wallace und Vogelson, denen zufolge die Volksmedizin auch im Allgemeinen Prinzipien zur Anwendung bringe, die auch in der modernen Psychiatrie eine Rolle spielen. »It appears that logotherapy is one nexus between the two systems.«

Solche Hypothesen werden plausibel, wenn wir zwei Berichte wie die folgenden miteinander vergleichen. Der erste handelt von einem vierundzwanzig Jahre alten Schizophrenen, der an akustischen Halluzinationen litt. Er hörte Stimmen, die ihn bedrohten und verspotteten. Unser Gewährsmann hatte mit ihm im Rahmen eines Spitalsaufenthalts zu tun. »Der Patient verließ

---

* Vgl. J. M. Ochs, »Logotherapy and Religious Ethnopsychiatric Therapy«, Villanova University, 1968.

mitten in der Nacht sein Zimmer, um sich darüber zu beklagen, dass ihn die Stimmen nicht schlafen lassen. Es sei ihm empfohlen worden, sie zu ignorieren, aber das sei eben unmöglich. Es entspann sich nun folgender Dialog. Arzt: ›Wie wär's, wenn Sie's einmal auf eine andere Tour versuchten?‹ Patient: ›Wie meinen Sie das?‹ Arzt: ›Legen Sie sich jetzt einmal hin und verfolgen Sie so aufmerksam wie nur möglich, was Ihnen die Stimmen sagen – lassen Sie sich kein einziges Wort entgehen, verstehen Sie?‹ Patient: ›Ist das Ihr Ernst?‹ Arzt: ›Selbstverständlich meine ich das im Ernst. Ich seh' auch nicht ein, warum Sie nicht zur Abwechslung einmal diese Scheiß-Stimmen (these God damn things) genüsslich auskosten sollen?‹ Patient: ›Ich hab doch gedacht ...‹ Arzt: ›Jetzt versuchen Sie's einmal – dann reden wir weiter.‹ – fünfundvierzig Minuten später war er eingeschlafen. Am Morgen war er begeistert – so sehr hatten ihn die Stimmen für den Rest der Nacht in Ruhe gelassen.«

Und nun das Gegenstück. Jack Huber besuchte einmal eine von Zen-Psychiatern geführte Klinik.* Das Motto, das die Arbeit dieser Psychiater beherrscht, lautet: »Emphasis on living with the suffering rather than complaining about it, analyzing, or trying to avoid it.« Da wurde nun eines Tages eine buddhistische Nonne ein-

---

* Jack Huber, *Through an Eastern Window. Experiences in Meditation*, New York 1968.

geliefert, die sich in einem schweren Verwirrtheitszustand befand. Sie war ängstlich erregt, denn sie glaubte, Schlangen kriechen auf ihr herum. Europäische Ärzte, Psychiater und Psychologen hatten den Fall bereits aufgegeben, als eben der Zen-Psychiater beigezogen wurde. »Was ist los«, fragte er. »Ich fürchte mich so vor den Schlangen – überall sind da Schlangen um mich herum.« Der Zen-Psychiater überlegte eine Weile, und dann sagte er: »Ich muss jetzt leider wieder gehen, aber in einer Woche komme ich wieder. Während dieser Woche möchte ich nun, dass Sie die Schlangen ganz genau beobachten – wenn ich Sie wieder besuche, müssen Sie nämlich ganz genau jede einzelne Bewegung beschreiben.« Eine Woche später war die Nonne längst wieder normal und versah ihren Dienst. »Nun, wie geht's«, fragte der Zen-Psychiater. »Ich hab' die Schlangen so aufmerksam wie nur möglich beobachtet, aber das ging nicht lange, denn je mehr ich es tat, desto mehr machten sie sich aus dem Staube.«

KOMMENTAR

Die paradoxe Intention ist speziell geeignet zur Heilung von Angst- und Zwangsstörungen. Bei Psychosen ist hingegen größte Vorsicht mit ihr geboten. Bei endogenen Depressionen ist sie strikt kontraindiziert, und bei schizophrenen Symptomen darf sie (neben der notwendigen Medikation) nur in Ausnahmefällen (wie den beiden oben beschriebenen) zur Anwendung gelangen.

DIE METHODE DER DEREFLEXION

Die Gnade der Selbstvergessenheit

Dereflexion meint letzten Endes: sich selbst ignorieren. In *Tagebuch eines Landpfarrers* von Bernanos findet sich der schöne Satz: Es ist leichter, als man glaubt, sich zu hassen; die Gnade besteht darin, sich zu vergessen. Nun, wir dürfen diese Aussage variieren, und wir können dann sagen, was sich so mancher neurotische Mensch nicht oft genug vor Augen halten kann, nämlich: Viel wichtiger als sich zu *verachten* (Übergewissenhaftigkeit) oder sich zu *beachten* (Überbewusstheit) – viel wichtiger als dies wäre, sich endlich vollends zu vergessen. Nur dass es unsere Patienten dann nicht so machen dürften wie Kant – der einmal seinen diebischen Diener entlassen musste, seinen Schmerz darüber aber nicht verwinden konnte und, um sich dazu zu zwingen, an eine Zimmerwand eine Tafel hängte mit der Aufschrift: »Mein Diener muss vergessen werden.« So erging es ihm wie jenem Manne, dem man versprochen hatte, er könnte aus Kupfer Gold machen, aber nur unter der Bedingung, dass er während der betreffenden alchimistischen

Prozedur zehn Minuten hindurch an kein Chamäleon denke; woraufhin er auch schon an nichts anderes zu denken imstande war als an dieses seltsame Tier, an das er sein Lebtag nicht gedacht hatte.

So geht es nicht; sondern etwas ignorieren – also die geforderte Dereflexion leisten – kann ich nur, indem ich an diesem Etwas vorbei agiere, indem ich auf etwas anderes hin existiere. Und hier schlägt die Psychotherapie um in Logotherapie, in Existenzanalyse – deren Wesen in gewissem Sinne ja darin liegt, dass der Mensch ausgerichtet wird und hingeordnet auf den (jeweils erst analytisch zu erhellenden) konkreten Sinn seines persönlichen Daseins.

Der Mensch ist nicht da, um sich selbst zu beobachten und sich selbst zu bespiegeln, sondern er ist da, um sich auszuliefern, sich preiszugeben, erkennend und liebend sich hinzugeben. Aber letztlich und eigentlich läuft alles Erkennen und Lieben auf eines hinaus, und wie sehr dies geschieht, geht hervor aus dem einen Wort, das die alte hebräische Sprache für beides findet.

Es ist nicht die Aufgabe des Geistes, sich selbst zu beobachten und sich selbst zu bespiegeln. Zum Wesen des Menschen gehört das Hingeordnet- und Ausgerichtetsein, sei es auf etwas, sei es auf jemand, sei es auf ein Werk oder auf einen Menschen, auf eine Idee oder auf eine Person. Nur in dem Maße, in dem wir solcherart intentional sind, sind wir existenziell; nur in dem Maße, in dem der Mensch geistig bei etwas oder bei jemandem ist – nur im Maße solchen Beiseins ist der Mensch bei sich.

KOMMENTAR

Auch die von Frankl kreierte Methode der Dereflexion ist genial. Sie hilft bei all jenen Störungen, die auf einer Überbewertung und Überbeachtung von Vorgängen bei sich selbst beruhen. Unser Organismus ist ein »Wunderwerk«, das von allein bestens funktioniert und dem man nicht dreinzureden braucht. Er gestattet es uns, uns voller Interesse der Mit- und Umwelt zuzuwenden.

Aufmerksamkeit verlagern

Fräulein S. (Neurologische Poliklinik) wendet sich wegen ihrer Frigidität an uns. In der Kindheit wurde die Patientin vom eigenen Vater geschlechtlich missbraucht. Heuristisch tun wir jedoch so, als ob so etwas wie ein psychosexuelles Trauma nicht existierte; vielmehr fragen wir die Patientin, ob sie etwa erwartet habe, durch den Inzest geschädigt worden zu sein, und die Patientin bestätigt unsere Vermutung, und zwar sei sie hierbei unter dem Einfluss einer populär gehaltenen Lektüre gestanden, die eine vulgär interpretierte Psychoanalyse zum Inhalt hatte. »Dies muss sich rächen« – so lautete die Überzeugung der Patientin. Mit einem Wort, es etablierte sich eine bibliogene Erwartungsangst. Im Banne dieser Erwartungsangst aber war die Patientin, wann immer es zu einem intimen Beisammensein mit ihrem Partner kam, »auf der Lauer«; eben damit war jedoch ihre Aufmerksamkeit aufgeteilt zwischen dem Partner und ihr selbst. All dies musste aber auch schon den Orgasmus vereiteln; denn in dem Maße, in dem man auf den Sexualakt achtgibt, in eben demselben Maße ist man auch schon unfähig, sich hinzugeben, mit anderen Worten: an Stelle des Gegenstands der Liebe tritt ins fokale Zentrum der Aufmerksamkeit der Geschlechtsakt. Im Falle unserer Patientin wurde solcherart unter der Einwirkung der bibliogenen Erwartungsangst nicht nur eine forcierte Reflexion des Sexualakts heraufbeschworen – mehr als dies: auch eine forcierte Intention der Sexuallust – die forcierte Intention des Orgasmus; denn die Patientin wollte sich endlich einmal in ihrer Weiblichkeit bewähren und bestätigen. Man spricht von bibliotherapeutischer Behandlung; in unserem Falle hatte der Versuch einer Autobibliotherapie nur zu einer bibliogenen Neurose geführt. Die Therapie nahm demgegenüber die forcierte Intention und die forcierte Reflexion aufs Korn. In diesem Sinne machten wir der Patientin folgendes klar: »Nicht anders als der Schlaf«, so setzten wir ihr auseinander, »ist das Liebesglück, das Sie so verkrampft und gewaltsam anpeilen, gleich einem Vogel, der fortfliegt, wenn Ihre Hand nach ihm greift. Denken Sie nicht an den Orgasmus und je weniger Sie sich um ihn scheren, desto eher und früher wird er sich von selbst einstellen.« *Abstinendo obtinere*, so lautet der Wahlspruch eines Mönchsordens, und, wenn es nicht blasphemisch klänge, würde man versucht sein, unseren Patienten zu empfehlen, sich an dieses weise Wort auch dort zu halten, wo das bescheidene Glück einer irdischen Liebe auf dem Spiel steht. Ich redete dann meiner Patientin ein, ich hätte im Augenblick keine Zeit, die Behandlung zu übernehmen, und bestellte sie in zwei Monaten wieder. Bis dahin möge sie sich nicht weiter um ihre Fähigkeit beziehungsweise Unfähigkeit zum Orgasmus kümmern – die würde dann im Rahmen der Behandlung ausgiebig zur Sprache kommen –, sondern nur um so mehr während des Geschlechtsverkehrs ihre Aufmerksamkeit dem Partner zuwenden. Und der weitere Verlauf gab mir recht. Was ich erwartet hatte, trat ein. Die Patientin kam nicht erst nach zwei Monaten wieder, sondern bereits nach zwei Tagen – geheilt. Die bloße Ablösung der Aufmerksamkeit von sich selbst, von ihrer eigenen Fähigkeit beziehungsweise Unfähigkeit zum Orgasmus – kurz: eine *Dereflexion* – und die nur umso unbefangenere Hingabe an den Partner hatten genügt, um erstmalig den Orgasmus herbeizuführen.

Viktor Frankl ist es offenbar gelungen, bei der Patientin gleich zwei Probleme zu beheben: einerseits die Gefahr, sich ein Leben lang als »traumageschädigt« zu definieren, und andererseits permanent unzufrieden mit ihrem Liebesleben zu sein. Was in ihrer Kindheit geschehen ist, kann ihr ja niemand abnehmen; aber was in ihrer Gegenwart geschieht, konnte optimiert werden.

Zwangsimpulse ignorieren

Im Folgenden wollen wir an Hand eines Falles von schwerer Zwangsneurose die therapeutische Fruchtbarkeit erweisen, die jenem Ansatz in der Psychotherapie zukommt, der den Kranken anweist, den schicksalhaften Kern seiner Zwangsneurose eben als schicksalhafte Gegebenheit einfach hinzunehmen – statt durch ein verfehltes Ankämpfen ihn nur noch immer mehr mit unnötiger Symptomatik anzureichern:

Der einundvierzigjährige Kranke, Großindustrieller von Beruf, ist seit einigen Monaten in der Stadt, in die er sich aus dem Ausland begeben hatte, um sich einer psychoanalytischen Behandlung zu unterziehen. Im Vordergrund seiner zwangsneurotischen Beschwerden steht ein schwerer »blasphemischer Zwang«, der ihm als tiefreligiösem Menschen seit fünfzehn Jahren das Leben zur Qual macht. Die Analyse hatte ihm anfangs zwar eine geringfügige Erleichterung verschafft, aber letztlich nicht geholfen (was ja angesichts der Kürze der verfügbaren Zeit – Patient hatte sich eigens Urlaub nehmen müssen – anders kaum möglich war). Vor wenigen Tagen jedoch kam es zu einem schweren Rückfall, und überhaupt befiel den Kranken eine solche Verzweiflung, dass er nun ernst zu nehmende Selbstmordabsichten hegt; den Abschiedsbrief an seine Frau trägt er in der Brieftasche! Freunde, die seine tiefe Depression gemerkt hatten, nahmen ihm jedoch das Ehrenwort ab, dass er noch einen letzten Versuch unternehme. So kommt er zu uns ohne die Möglichkeit, länger als wenige Tage hier bleiben zu können.

Bemerkenswert ist nun vor allem der unmittelbare Anlass seiner augenblicklichen Verzweiflung: Vor kurzem kam er, wie täglich, wieder einmal zur psychoanalytischen Sitzung und berichtete erfreut, »Gott sei Dank« fühle er sich heute ein wenig besser. Darauf hätte sein behandelnder Arzt ihm eingeschärft, die Besserung sei nicht Gott zu danken, sondern lediglich dieser oder jener Umstellung oder Umschichtung innerhalb des Unbewussten. In seiner religiösen Lebensauffassung war unser Patient dadurch irgendwie erschüttert. Nun, niemand, und am allerwenigsten der Arzt als solcher, hat jemals das Recht, im Religiösen der Ansicht eines Kranken über die letzten Gründe von Krankheit oder Gesundung entgegenzutreten; der Arzt hat solche Ansichten vielmehr restlos zu respektieren.

Uns als Ärzten steht es nicht zu, die Einordnung von so etwas wie Erkrankung und Genesung in einen höheren Aspekt zu kritisieren. Mögen wir für die eigene Person so oder so über diese Dinge denken: Solange wir als Ärzte agieren, ebenso lange steht uns weder das Recht zu, unsere Meinung über Religion, sei sie nun positiv oder negativ, dem Kranken zu oktroyieren, noch haben wir das Recht, was er von Religion positiv oder negativ denken mag, abfällig zu kritisieren.

Aber mehr als dies; wir stehen auch nicht an, die nun einmal vorhandene religiöse Haltung des Kranken nicht nur zu estimieren, sondern auch als ein Positivum – das sie ist – in unseren Heilplan einzubauen. Gerade im soeben besprochenen Falle beispielsweise war dies nicht nur möglich, sondern letztlich der Angelpunkt für alle Therapie, wie sich alsbald erweisen sollte. War doch eine eigentliche Psychotherapie etwa im Sinne einer eingehenden Analyse der Zwangsvorstellungen aus äußeren Gründen nicht durchführbar; nur um so mehr galt es, an Stelle einer Symptomenbehandlung (die sich ausführlich mit den einzelnen Symptomen und deren inhaltlicher Genese befasst hätte) sich in erster Linie um die Einstellung des Patienten zur Krankheit zu kümmern. Diese Einstellung war nun bisher eine durchaus verkrampfte, und so war denn auch der Kampf des Kranken gegen die Zwangskrankheit verkrampft: Ständig kämpfte er gegen seine blasphemischen Einfälle an und steigerte dadurch nur deren »Macht« und die eigene Qual.

Was da Not tat, war Entkrampfung, Entlastung, Entspannung; der Kranke musste lernen, sozusagen die Zügel schießen zu lassen. Analog zu den bereits erwähnten Fällen musste im vorliegenden Falle vom Religiösen her die so heilsame Gelassenheit in der Einstellung zur Krankheit erreicht werden. Es ging sonach darum, den Kranken zu einer Art Aussöhnung mit der Tatsache seiner Zwangsneurose zu bewegen – einer Aussöhnung, die dann natürlich keinesfalls einem therapeutischen Nihilismus oder Fatalismus gleichkommen sollte! Im Gegenteil: gerade durch eine Aussöhnung mit dem Schicksal dieser Krankheit sollte endlich der frustrane Kampf mit den Zwangsvorstellungen abgestellt werden – jener Kampf, der sie ja so recht erst zu einem Handikap im Leben des Kranken machte. »Hier ist meine Zwangsneurose«, so lernte unser Patient die Dinge nunmehr sehen, »und sie steht da vor mir, in mein Leben hineingestellt, ganz ebenso wie etwa mein Familienglück oder meine berufliche Karriere, mein geschäftlicher Erfolg: all dies hat Gott mir geschickt! Als solches habe ich es hinzunehmen. Gott weiß gewiss mindestens sosehr wie ich es nun weiß, dass die mir sich aufdrängenden lästernden Zwangsgedanken fernab von meinem wahren religiösen Empfinden vor sich gehen; er wird sie gewiss nicht weiter ernst nehmen. Ich aber soll und will es von nun an ebenso wenig. Ich will vielmehr an ihnen vorbeidenken – *an meiner Neurose vorbeileben*. In diesem Sinne werde ich *sie ignorieren* –

etwa so, wie einen Köter, der mich verbellt, der aber nur noch mehr bellt, wenn man nach ihm tritt – während er zu bellen aufhören wird, wenn man ihn eben ignoriert! Wenn ich aber gar von vornherein auf das Bellen gar nicht höre, dann werde ich es wohl überhaupt überhören (etwa wie das Ticken einer Zimmeruhr, auf das man ja im Allgemeinen gar nicht achtet).« Und schon am nächsten Tag berichtet uns Patient, dass er *zum ersten Mal seit nicht weniger als zehn Jahren* die erste volle Stunde völligen Freiseins von seinen Zwangsvorstellungen erlebt habe.

Dann reiste er in seine Heimat ab. Mehrere Wochen danach jedoch teilt er brieflich mit, wie verhältnismäßig gut es ihm gehe – sogar trotz inzwischen eingetretener ungünstiger äußerer Umstände. »Freilich meldet sich hin und wieder ein zwangsneurotischer Einfall; aber ich begegne ihm in Gelassenheit und mit Humor – wie ich es gelernt habe. Wenn etwa des Morgens, beim Erwachen, ein solcher Gedanke sich regt, dann denke ich mir für mich: Guten Morgen, die Zwangsneurose – schon da?, und lächle innerlich darüber und über die ganze Neurose, und schon gehe ich zur Tagesordnung, zu meinem Tagewerk über, das ich Gott und meiner Familie zuliebe vollführe.« Womit gerade mit der letzten Andeutung seitens des Kranken jene letzte Wendung berührt wird, die wir aller *Psychotherapie* zu geben haben: *Sie hat nicht nur eine negative Seite* oder Phase – die einer *Ablenkung des Kranken von der Krankheit* (Dereflexion, paradoxe Intention und so weiter) –, jede Psychotherapie muss vielmehr auch eine positive Phase oder Seite haben: die einer *Hinlenkung des Kranken auf all das, was jenseits aller Krankheit steht – auf das in vollem Verantwortungsbewusstsein ergriffene und konkrete persönliche Dasein!*

KOMMENTAR

Eigentlich sind Zwangsstörungen eher ein Anlass, die Kranken in paradoxer Intention zu trainieren. Bei blasphemischen Zwängen scheute Frankl jedoch zu Recht davor zurück. Man kann nicht »im Spaß« beabsichtigen, Gott zu lästern … Also wich er auf die Methode der Dereflexion aus, die bei exaltierten Ängsten meistens zu »sanft« ist, aber in diesem Falle von Erfolg gekrönt war.

Vertrauen zur unreflektierten Geistigkeit

Der Zwangsneurotiker will alles »machen«, mit Wissen und Willen, und dann sieht eben alles »gemacht« und »gewollt« aus, und nicht zügig, nicht flüssig. Aber seit Schelling wissen wir, dass »des Menschen edelste Tätigkeit die ist, die sich selbst nicht kennt« – oder, wie wir sagen können, ein Tun, das um sich selbst nicht weiß, das kein Bewusstsein seiner selbst hat, und seit Nietzsche wissen wir, dass »alles vollkommene Tun gerade unbewusst und nicht mehr gewollt ist«.

Wir kennen und anerkennen nicht nur ein triebhaft Unbewusstes, sondern auch ein geistig Unbewusstes, und in dieser Schicht gründet auch das Gemüt. *Das Gefühl kann viel feinfühliger sein, als der Verstand jemals scharfsinnig zu sein vermöchte.*

Aus alledem erhellt, wie sehr in Fällen von Zwangsneurose eine Erziehung zum Vertrauen gegenüber dem Unbewussten Not täte, ein Vertrauen zur unbewussten Geistigkeit, zur kognitiven und dezisiven Überlegenheit des Gemüts- und Gefühlsmäßigen im Menschen gegenüber dem Vernunft- und Verstandesmäßigen an ihm – mit einem Wort: Was wir dem Zwangsneurotiker beibringen, was wir ihm wiedergeben, was wir ihn wieder finden lassen müssen, ist sein Vertrauen zur *unreflektierten Geistigkeit*.

Uns ist ein Fall bekannt, in dem der Patient in all seinem Sprechen und Denken dermaßen sich selbst zu beobachten pflegte, dass er es mit der Angst zu tun bekam, dieser sein Beobachtungszwang könnte dazu führen, dass er beim Sprechen den Faden verliert. Es entwickelte sich eine zunehmende Erwartungsangst, die sich zu einem wirklichen Handikap seiner Karriere auswuchs. Der Patient konnte in wenigen Sitzungen so weit geheilt werden, dass er beispielsweise instand gesetzt wurde, vor einem ausländischen Gesandten eine freie Rede zu halten. Seinem Beobachtungszwang zugrunde gelegen war die Angst davor, die Kontrolle über sich zu verlieren, sich nicht in der Hand zu haben und sich fallen zu lassen, sich seinem Unbewussten zu überlassen.

Es gibt eine Weisheit der Sprache, und in ihr haben wir wohl den aufgespeicherten, angereicherten Geist der Menschheit zu sehen. Die Sprache in dieser ihrer Weisheit sagt, dass der Mensch in den Schlaf »fällt«; also auch die Unbewusstheit, die mit dem Schlaf einhergeht, ist etwas, in das wir uns eben fallen lassen müssen. (In dieses Bild, das wir uns von den Zusammenhängen von Geistigkeit, Unbewusstheit und Weisheit machen, passt es, wenn Charles Peguy die Schlaflosigkeit hinstellt als ein Misstrauensvotum des Menschen gegenüber Gott: »Nun sagt man mir, dass es Menschen gibt, die … nicht schlafen. Welch ein Mangel an Vertrauen in mich.« (Der Redner ist Gott selbst.) »Ich bedaure sie … Ich bin ihnen gram … Ein wenig. Sie schenken mir kein Vertrauen.« Vom Schlaflosen sagt Gott schließlich, dass er ihm »nicht die Lenkung seines Lebens anvertrauen will. Indes er schläft. Der Tor«.)

KOMMENTAR

Zur Ehrenrettung schlafgestörter Personen sei gesagt, dass sicher nicht alle von ihnen divine Zweifel hegen. Dennoch stimmt es, dass ihnen die Einübung in Dereflexion sehr helfen kann. Je weniger sie abends oder nachts ans Schlafen denken beziehungsweise schlafen möchten, desto besser. Ein Fantasiespaziergang in einem Traumland mitten in bergender Landschaft macht stattdessen wohlig müde …

Bewusstmachung ist nicht alles!

Es ist uns ein Fall bekannt, in dem ein Geiger immer versuchte, möglichst bewusst zu spielen: Vom Zurechtrücken der Geige angefangen bis zum geringsten Detail der Spieltechnik wollte er alles bewusst »machen«, alles in Selbstreflexion vornehmen. Dies konnte nur zu einem völligen künstlerischen Versagen führen. Die Therapie aber musste fürs erste einmal diesen Hang zur übertriebenen Reflexion und Selbstbespiegelung ausschalten: Sie musste auf das hin angelegt sein, was wir nachgerade als Dereflexion bezeichnet haben. Die psychotherapeutische Behandlung musste diesem Patienten sein *Vertrauen zum Unbewussten* wiedergeben, indem sie ihn anwies, sich immer wieder vor Augen zu halten, wie sehr sein Unbewusstes »musikalischer« sei als sein Bewusstsein. Tatsächlich führte eine dergestalt ausgerichtete Therapie gewissermaßen zu einer Ent-hemmung der künstlerisch »schöpferischen Kräfte« des Unbewussten, und zwar dadurch, dass der wesentlich unbewusste (Re-)Produktionsprozess vom hemmenden Einfluss der überflüssigen Bewusstheit befreit wurde.

Am soeben besprochenen Fall zeigt sich nun aber auch ein sehr wesentliches Moment aller psychotherapeutischen Zielsetzung: Heute dürfen wir nämlich keineswegs mehr auf dem Standpunkt beharren, in der Psychotherapie komme es auf Bewusstwerdung um jeden Preis an; denn nur vorübergehend hat der Psychotherapeut etwas bewusstzumachen. Er hat Unbewusstes – und so auch geistig Unbewusstes – nur bewusstzumachen, um es schließlich wieder unbewusst werden zu lassen; er hat eine unbewusste potentia in einen bewussten actus überzuführen – zu keinem andern Zwecke jedoch, als um schließlich einen wieder unbewussten habitus herzustellen: Der Psychotherapeut hat die Selbstverständlichkeit unbewusster Vollzüge schließlich wiederherzustellen.

KOMMENTAR

Die Warnung Frankls richtet sich an die »aufdeckende Psychologie«, deren Ziel es ist, sämtliche Enttäuschungen und Beschämungen einer Lebensgeschichte in Erinnerung zu bringen. Und was dann? Die Natur hat in ihrer Weisheit dafür gesorgt, dass wir manches vergessen dürfen, das uns den Schwung und Elan für heute rauben würde, könnten wir es nicht hinter uns zurücklassen.

ZUR FRAGE DER LEBENSBEJAHUNG

Die Tür zum Glück

Ein Mann, dessen Leben nach einem Selbstmordversuch gerettet werden konnte, berichtete mir eines Tages, wie er außerhalb der Stadt hinausfahren wollte, um sich eine Kugel durch den Kopf zu jagen; und wie er, da es bereits spät am Abend war, keine Straßenbahn mehr bekam und so sich veranlasst sah, ein Autotaxi zu nehmen; und wie ihm da Bedenken aufstiegen darüber, dass er doch nicht für Taxifahrten das Geld verschwenden wollte, und wie er schließlich darüber lächeln musste, dass er kurz vor seinem Tode noch solche Bedenken haben konnte. Sinnlos musste es diesem zum Selbstmord Entschlossenen erscheinen, mit Geld zu geizen – im Angesicht des Todes. Wie schön hat doch dies alles, diese Ernüchterung des Menschen gegenüber seinem Glücksanspruch im Leben, Rabindranath Tagore in jenem Gedicht zum Ausdruck gebracht, wo er sagt:

Ich schlief und träumte,
das Leben wäre Freude.

Ich erwachte und sah,
das Leben war Pflicht.

Ich arbeitete – und, siehe:
die Pflicht *war* Freude.

Und hier haben wir auch schon die Richtung gewiesen, in die wir den Weg zu unseren weiteren Überlegungen nunmehr einzuschlagen haben.

Das Leben ist also irgendwie Pflicht, eine einzige große Verpflichtung. Und: Wohl gibt es im Leben auch Freude – aber sie kann nicht angestrebt werden, nicht als Freude »gewollt« werden, sie muss sich vielmehr von selber einstellen –, und sie stellt sich auch von selber ein, so wie sich eine Folge einstellt: Glück soll und darf und kann nie Ziel sein, sondern nur Ergebnis; Ergebnis eben der Erfüllung dessen, was im Gedicht von Tagore Pflicht heißt. Auf jeden Fall ist alles Glücksstreben des Menschen insofern verfehlt, als ein Glück ihm nur in den Schoß fallen kann, niemals jedoch sich erjagen lässt. Kierkegaard war es, der das weise Gleichnis ausgesprochen hat: die Tür zum Glück geht »nach außen« auf, das heißt sie verschließt sich gerade demjenigen, der die Tür zum Glück gleichsam einzudrücken versucht.

KOMMENTAR

»Die Ernüchterung des Menschen gegenüber seinem Glücksanspruch im Leben« bleibt vermutlich niemandem erspart. Im Laufe des Erwachsenwerdens ist es unvermeidlich irgendwann einzusehen, dass das Leben aus mehr Pflichten als Freuden besteht. Kann man jedoch managen, dass sich beides, die Pflichten und die Freuden, weitgehend decken, ist man ein »Glückspilz«.

Selbstmordgefährdungstest

Was den Selbstmord anlangt, verstehe ich mich ein wenig auf dieses Thema. Zehn Jahre hindurch habe ich an der weltweit ersten, von Wilhelm Börner gegründeten »Lebensmüdenberatung« mitgearbeitet und vier Jahre hindurch habe ich in der größten psychiatrischen Anstalt Österreichs den Pavillon für schwerst depressive Patientinnen, die nach Selbstmordversuchen eingeliefert worden waren, betreut. Während dieser Zeitspanne, habe ich einmal ausgerechnet, müssen an die zwölftausend »Fälle« durch meine Hände gegangen sein. Und immer wieder wurde ich vor die Frage gestellt, ob in einem gegebenen Falle die Patientin auch wieder entlassen werden könnte oder aber weiterhin als selbstmordgefährdet zu betrachten sei. Und die Entscheidung musste jeweils innerhalb weniger Minuten erfolgen. Da saß die Patientin nun vor mir, während ich in der Krankengeschichte blätterte und sie dann fragte: »Sie wissen, Sie sind da, nachdem Sie sich das Leben nehmen wollten?« – »Stimmt.« – »Und spielen Sie noch immer mit dem Gedanken, sich umzubringen?« – »Nein, nein.« Und dann presche ich vor und frage: »*Warum* nicht?« Im selben Augenblick geschieht Folgendes: Entweder die Patientin wagt nicht, mir in die Augen zu schauen, rückt verlegen auf dem Sessel herum und antwortet erst nach einer Pause: »Sie können mich ruhig entlassen, Herr Doktor.« Ein solcher Fall ist eminent selbstmordgefährdet. Es gibt anscheinend nichts, das den Patienten von einem neuerlichen Selbstmordversuch abzuhalten vermöchte, nichts, das gegen eine Wiederholung spräche. Anders im Falle eines Patienten, der auf meine Frage sofort reagiert, indem er darauf hinweist, dass er sich doch um seine Familie kümmern oder anderweitigen Verpflichtungen und Aufgaben nachkommen müsse, oder aber dass es doch ich selbst gewesen sei, der ihm versichert hatte, er würde aus der depressiven Phase wieder als der Mensch hervorgehen, der er gewesen war. So einen Patienten hätte ich getrost entlassen; er wusste um ein »Warum *nicht*« Selbstmord begehen, er wusste um ein »Warum« weiterzuleben.

KOMMENTAR

Der Frage »Warum nicht?« kommt auch in einem anderen Kontext hohe Brisanz zu. Dann nämlich, wenn Kinder fragen: »Warum nicht … Gewalt anwenden, prügeln, sich am Stöhnen und Flehen eines Schwächeren weiden …?« Wissen ihre Eltern und Lehrer eine ehrliche und einleuchtende Antwort darauf? Wenn ja, muss einem um die nächste Generation nicht bange sein.

Lebensbilanz

Hierher gehört jene Gruppe von Menschen, die deshalb Selbstmord anstreben, weil sie eben an den Sinn des Weiterlebens, ja des Lebens schlechthin, so gar nicht glauben können. Einen Selbstmord mit derartiger Motivation nennt man gemeiniglich Bilanzselbstmord. Er erfolgt jeweils aus einer sozusagen negativen Lebensbilanz heraus. So ein Mensch macht Bilanz, vergleicht das Haben mit dem Soll, er stellt gegenüber, was ihm das Leben schuldig blieb und was er im Leben noch erreichen zu können glaubt, und die negative Bilanz, die er dann zieht, bewegt ihn zum Selbstmord. Wir wollen nun darangehen, diese Bilanz zu prüfen.

Gewöhnlich steht auf der Haben-Seite alles Leid und aller Schmerz, auf der Soll-Seite alles Glück, zu dem man nicht gelangte. Diese Bilanz ist aber von Grund auf falsch angelegt. Denn, wie man zu sagen pflegt, man ist »nicht zum Vergnügen auf der Welt«. Und dies stimmt im doppelten Sinne von Sein und Sollen. Wer es nicht zu spüren bekommen hat, der möge sich jene Schrift eines russischen Experimentalpsychologen zur Hand nehmen, der einmal nachgewiesen hat, dass der durchschnittliche Mensch im alltäglichen Leben bedeutend mehr Unlustgefühle erlebt als Lustgefühle. Es wäre also von vornherein auch gar nicht möglich, um der Lust willen zu leben. Ist das aber auch nötig – stünde es überhaupt dafür? Stellen wir uns doch bloß einen Mann vor, der zum Tode verurteilt ist und dem, wenige Stunden vor der Hinrichtung, freigestellt würde, das Menü zu seiner Henkersmahlzeit zusammenzustellen. Der Wärter tritt in die Zelle und fragt ihn, was er sich wünsche, offeriert ihm allerhand Leckerbissen; unser Mann jedoch schlägt jedes Angebot aus: Er denkt sich, es sei doch ganz belanglos, ob er in den Magen dieses seines Organismus, der da in einigen Stunden ein Kadaver werden soll, gute Speisen noch hineinstopft oder nicht. Und auch die Lustgefühle, die in den Großhirnganglienzellen eben dieses Organismus noch stattfinden könnten, seien sinnlos in Anbetracht des Umstands, dass sie in zwei Stunden für immer vernichtet sein würden.

Angesichts des Todes steht aber alles Leben, und wenn dieser Mann recht hat, dann wäre auch unser aller ganzes Leben sinnlos, sofern wir nur und nichts weiter erstreben, als Lust einzuheimsen – möglichst viel und möglichst große Lust. Lust an sich ist nichts, was dem Dasein Sinn zu geben vermöchte; also ist Lustlosigkeit auch nicht imstande – und das sehen wir schon jetzt –, dem Leben Sinn zu nehmen.

Frankl war keinesfalls ein »lustfeindlicher« Mensch. Es bereitete ihm großes Vergnügen, mit seiner Familie beisammen zu sein, in seinen geliebten Bergen umherzustapfen, einen wissenschaftlichen Disput zu führen oder in ferne Länder zu reisen. Doch ging es ihm dabei stets primär um Wertverwirklichungen und nicht bloß um einen vorüberhuschenden Nervenkick.

Depression und geistige Einstellung

Dass die geistige Einstellung eines Menschen nicht nur seinem Körperlichen, sondern auch noch dem Seelischen gegenüber einen freien Spielraum hat – er sich also keineswegs dem psychologischen Schicksal blindlings beugen muss, wird vielleicht am eindeutigsten und eindringlichsten in jenen Fällen klar, wo es sich um das wahlfreie Verhalten des Menschen gegenüber krankhaften seelischen Zuständen handelt. Eine Patientin stand wegen periodisch rezidivierender endogener Depressionen in Anstaltsbehandlung. Angesichts der endogenen Komponente ihrer Krankheit war eine medikamentöse Therapie verordnet, also eine am Somatischen ansetzende Behandlung in die Wege geleitet worden. Eines Tages wurde sie nun vom behandelnden Arzt in einem hochgradigen weinerlichen Erregungszustand vorgefunden. Da ergab eine kurze Unterredung, dass die Depression in diesem Augenblick eigentlich gar nicht endogen, sondern psychogen war, als Ganzes somit eine psychogene Komponente hatte. Denn die Kranke weinte damals darüber, dass sie so weinerlich war. Die Depression hatte sich sozusagen potenziert. Zur endogenen war eine zusätzliche psychogene Komponente hinzugetreten. Die aktuelle Depression hatte die endogene zum Gegenstand, war demnach eine Reaktion auf den endogenen Zustand. Angesichts dieser Tatsache einer reaktiven Verstimmung war jetzt auch eine zusätzliche Therapie angezeigt, nämlich Psychotherapie, entsprechend der psychogenen Komponente. Die Kranke wurde daher angewiesen, das Grübeln aus der Depression und über die Depression möglichst zu vermeiden, da es begreiflicherweise, aber unberechtigterweise, schwarzseherisch ausfallen muss. Der Patientin wurde empfohlen, die Depression vorüberziehen zu lassen wie eine Wolke, die an der Sonne vorüberzieht, die Sonne unseren Blicken entziehend; aber so wie die Sonne auch weiterexistiert, wenn wir sie momentan nicht sehen, existieren die Werte fort, auch wenn ein durch die Depression wertblind gewordener Mensch ihrer momentan nicht ansichtig ist.

Nachdem jedoch die Kranke psychotherapeutisch nun einmal aufgeschlossen war, enthüllte sich ihre ganze geistige Not, enthüllte sie selbst die vermeintliche Inhaltsarmut und vermutete Sinnlosigkeit ihrer Existenz – der Existenz eines Menschen, der sich durch das Schicksal rezidivierender Depressionen gehandikapt fühlt. Nun war es indiziert, über die psychotherapeutische Behandlung im engeren Wortsinn hinaus auch noch logotherapeutisch vorzugehen, indem dazu übergegangen wurde, der Kranken zu zeigen, wie sehr gerade die Tatsache schicksalhaft wiederkehrender Verstimmungszustände geeignet ist, den in der geistigen Stellungnahme zu seelischen Vorgängen freien Menschen zum einzig richtigen Verhalten ihnen gegenüber aufzurufen: zur Verwirklichung dessen, was wir als Einstellungswerte bezeichnet haben. Mit der Zeit lernte die Patientin nicht nur, trotz ihrer Verstimmungszustände ein Leben voll persönlichster Aufgaben vor sich zu sehen, sondern auch in diesen Zuständen eine Aufgabe mehr zu erblicken: die Aufgabe, irgendwie mit ihnen fertig zu werden und irgendwie sich über sie zu stellen. Nach dieser Existenzanalyse – denn um nichts anderes handelte es sich jetzt – konnte sie trotz weiterer endogen-depressiver Phasen und noch in ihnen ein Leben führen, das sinnerfüllter war als vor der Behandlung und sogar als es wahrscheinlich gewesen wäre, wenn sie nie erkrankt wäre, nie einer Behandlung bedurft hätte.

Uns fällt jenes Wort von Goethe ein, von dem wir behaupten, es sei die beste Maxime für jede Psychotherapie: »Wenn wir die Menschen so nehmen, wie sie sind, dann machen wir sie schlechter; wenn wir sie aber so nehmen, wie sie sein sollen, dann machen wir sie zu dem, was sie sein können.«

KOMMENTAR

Nicht selten fragen chronisch Kranke, ob die Krankheit ihre Lebensqualität oder gar ihre Daseinsberechtigung nicht demontiere? Dem erteilte Frankl eine klare Absage. Die Krankheit sei eine »Bewährungsprobe der menschlichen Freiheit«, so argumentierte er. Sie liefere die Voraussetzung dafür, besondere Qualitäten zu entwickeln und sich »daseiend« großartig zu bewähren.

Recht und Pflicht am Grab

Existenzanalyse ist eigentlich keine Analyse der Existenz; denn eine Analyse der Existenz gibt es ebenso wenig, wie es eine Synthese der Existenz gibt. Vielmehr ist die Existenzanalyse Explikation der Existenz. Nur dass wir nicht übersehen, dass die Existenz die Person, auch sich selbst expliziert: Sie expliziert sich, sie entfaltet sich, sie rollt sich auf, und zwar im ablaufenden Leben. Wie ein aufgerollter Teppich sein unverwechselbares Muster enthüllt, so lesen wir am Lebenslauf, am Werden, das Wesen der Person ab.

Ein kasuistischer Beleg: Herr Stefan V., achtundfünfzig Jahre alt, kommt aus dem Ausland, nur seinen Freunden zuliebe, denen er sein Wort verpfändet hat, sich nicht das Leben zu nehmen, ohne nach Wien gekommen zu sein und mit mir gesprochen zu haben. Seine Frau ist vor acht Monaten gestorben, an einem Karzinom. Daraufhin hat er sich das Leben zu nehmen versucht, war wochenlang interniert, und auf meine Frage, warum er den Selbstmord nicht wiederholt habe, antwortete er: »Nur deshalb nicht, weil ich noch etwas zu erledigen hatte.« Und zwar hatte er sich um das Grab seiner Frau zu kümmern. Ich frage: »Und darüber hinaus haben Sie keine Aufgaben zu erfüllen?« Darauf antwortete er: »Alles kommt mir sinnlos, nichtig vor.« Ich: »Kommt es darauf an, wie es Ihnen vorkommt: ob nichtig oder nicht? Ist es undenkbar, dass Ihr Sinnlosigkeitsgefühl Sie täuscht? Sie haben das Recht, das Gefühl zu haben, dass nichts und niemand Ihnen Ihre Frau ersetzen kann; aber Sie haben die Pflicht, sich die Chance zu geben, einmal anders zu fühlen und die Zeit, zu der Sie es tun werden, überhaupt zu erleben.« Er: »Ich kann keinen Geschmack mehr am Leben finden.« Ich mache ihn darauf aufmerksam, es von ihm zu verlangen, wäre zuviel verlangt, und die Frage ist, ob er die Verpflichtung hat, trotz allem weiterzuleben. Daraufhin er: »Pflicht …? Das sind Phrasen. Alles ist nutzlos.« Und ich: »Geht so etwas wie Freundschaft und Ehrenwort, geht so etwas wie Grabsteine setzen – für Tote, das heißt für Wesen, die nicht mehr real existieren – nicht über alle unmittelbare Nützlichkeit und Zweckmäßigkeit hinaus? Wenn Sie sich verpflichtet fühlen, der Toten zuliebe einen Grabstein zu setzen – fühlen Sie sich nicht mehr verpflichtet, ihr zuliebe weiterzuleben?« Tatsächlich hatte er das Verpflichtetsein jenseits utilitaristischer Erwägung unbewusst und unausdrücklich anerkannt. Es hatte nicht genügt, *den Patienten beim Wort zu nehmen,* wie es seine Freunde getan hatten: es galt, *ihn bei der Tat zu nehmen,* und solches zu tun, gehört zum Wesen der Existenzanalyse. Faktisch hatte er sich so verhalten, wie einer, der an das Verpflichtetsein, mehr als dies: an einen höheren Sinn des Daseins, glaubt: an *etwas, das ihm Sinn gibt zu jeder Zeit und so denn auch noch nach dem letzten Atemzug dessen, den er liebt, ja, bis zum letzten Augenblick seines Daseins.*

KOMMENTAR

Der Verlust einer geliebten Person ist ein herber Schlag. Doch gerade die Liebe zum Toten kann uns motivieren, ihm nicht rückwirkend die »Last« aufzudrücken, durch sein Sterben zum Anlass einer menschlichen Katastrophe geworden zu sein. Er soll bleiben, was er im Leben gewesen ist: Anlass einer großen Freude. Die Freude an seinem Da(gewesen)sein soll seinen Tod überdauern.

ZUR VERBORGENEN PERSON »DAHINTER«

Die Sehnsucht im Schulheft

Die Möglichkeit aller inneren Widersprüche im Menschen, dieser Widersprüche zwischen den »Sprachen« der mehr oberflächlichen und tieferen »Schichten« – diese Möglichkeit ist die Grundlage für die Notwendigkeit, das Eigentliche jeweils erst zu erraten. Hier liegt der Grund für die prinzipielle Möglichkeit dessen, was wir in der Psychotherapie unter Deuten verstehen! Denn um deuten zu können, um die »Bedeutung« eines Symptoms *erraten* zu können, muss das Symptom etwas *verraten* können – und zwar wesentlich etwas, das der Neurotiker selbst *verschwiegen* hat.

Hier ein kleines Beispiel: Ein Junge entweicht von zu Hause und wird vermisst. Die polizeiliche Abgängigkeitsanzeige ist erstattet. Niemand weiß, wohin er sich gewendet haben mag. Da wird die Mutter von uns angewiesen, die Schulhefte des Jungen vorzulegen. Beim Durchblättern betrachten wir nun die Kritzeleien dieses während des Unterrichts anscheinend recht unaufmerksam gewesenen Schülers. Vermuten wir doch, aus ihnen den Inhalt allfälliger Tagträumereien und seine »Sehnsuchtslinie« erraten zu können. Und tatsächlich verraten uns diese Kritzeleien – die doch gewiss kaum Darstellung und nicht Appell, sondern bloß Ausdruck waren – das Ziel jener Sehnsucht, die den Ausreißer zum Durchbrennen bewog und in die weite Welt hinaustrieb: er zeichnet da lauter kleine Schiffe! Wir veranlassen daraufhin, dass speziell die an der Südgrenze des Landes, der Adria zu gelegenen Grenzposten alarmiert und avisiert werden – und wirklich wird der Junge wenige Tage später unweit dieser Grenze festgenommen.

KOMMENTAR

Wie wahr ist es doch, dass verschiedene und widersprüchliche »Schichten« in jedem Menschen stecken! Darunter auch eine »Sehnsuchtslinie«, die ihn sacht durchs Leben manövriert. Deshalb kommt alles darauf an, nicht nur die bestmögliche »Schicht« in sich zu fördern, sondern auch die richtigen von den falschen Wegen zu trennen, die der »Sehnsuchtslinie« entlangführen.

Improvisationskunst

Vom Patienten, sagte ich gelegentlich; genauer müsste ich sagen: von der einmaligen und einzigartigen, unverwechselbaren Persönlichkeit, die schließlich jedem einzelnen Menschen und folglich auch jedem einzelnen Kranken eignet. Will man an dieses Persönliche, an das absolut Individuelle jedes einzelnen Menschen mit Hilfe von Tests heranrücken, will man also mehr als einen bloßen Typus, will man die Person erfassen, dann könnte man nie genug *individualisieren*. Ja mehr als das: Eigentlich müsste man für jede Person und, füge ich sogleich hinzu, für jede Situation, in der sie sich befindet, einen eigenen Test erst erfinden. Man kann nämlich auch nicht genug *improvisieren*. Ein Beispiel soll das erläutern:

Eines Tages war ich beauftragt worden, bei einem Jugendlichen, der sich in Haft befand, ein psychiatrisches Fakultätsgutachten zu erstellen. Er hatte sich darauf ausgeredet, ein Freund habe ihn zur kriminellen Tat verleitet, und zwar habe er ihm versprochen, er werde ihm nach vollbrachter Tat dafür tausend Schilling geben. Das Gericht wollte nun vom Psychiater wissen, ob dieser junge Mensch wirklich so leicht beeinflussbar und so leichtgläubig war; sein Freund hatte nämlich bestritten, das Geringste mit der Tat zu tun zu haben. Wenn der zu Untersuchende nun wirklich so leichtgläubig gewesen wäre, dann hätte sich ein leichter Grad von Schwachsinn nachweisen lassen müssen; aber die Tests wiesen keineswegs in diese Richtung. Nun wäre es aber auch denkbar gewesen, dass der Junge nichts weniger als schwachsinnig war – im Gegenteil, dass er eben schlau genug war, um sich auf seinen Freund nur auszureden. Und der

Richter wollte wissen, war der Junge nun so dumm, dass er glauben musste, sein Freund werde ihm wirklich tausend Schilling geben, oder war er sogar so schlau, dass er uns glauben machen wollte, er wäre so dumm. Die Intelligenztests hatten, wie gesagt, versagt. Im letzten Augenblick improvisierte ich nun und fragte ihn, ob er mir zehn Schillinge geben könne; denn ich könnte gegen Erlag dieser zehn Schillinge beim Präsidenten des Gerichts erwirken, dass sein Verfahren sofort niedergeschlagen und er selbst augenblicklich enthaftet wird. Prompt ging er auf diesen Vorschlag ein und war nachher nur mit Mühe davon zu überzeugen, dass ich ihn nicht ernst gemeint hatte. So leichtgläubig war er also gewesen; aber die Leichtgläubigkeit konnte erst durch den improvisierten, eigens dafür erfundenen Test objektiviert werden.

Es ist selbstverständlich, dass es der heutigen Zeit irgendwie »liegt«, auch die Seele des Menschen nur so weit zu beurteilen, ja in ihrer Existenz anzuerkennen, als sich an ihr eben Messbares und Wägbares befindet. Aber wie Schiller einmal gesagt hat: Spricht die Seele, so spricht, ach, schon die Seele nicht mehr – so ließe sich variierend sagen: Testet man den Menschen, so ist es schon längst nicht mehr der Mensch, ist es jedenfalls nicht sein Wesen, was da erfasst wird. Vielmehr hat eine Psychologie, die in einer Testmethode gipfelt, den Menschen aus der ihm eigenen Dimension nur hineinprojiziert in die Dimension des Messbaren und des Wägbaren.

Das Wesentliche, das Eigentliche im Menschen, dessen Persönlichkeitskern, hat sie damit aus dem Blick verloren.

KOMMENTAR

Viele Testmethoden, die ich während meiner Studienzeit noch gelernt habe, wurden später verworfen und durch aktuellere ersetzt. Inzwischen gibt es recht verlässliche Verfahren, die aber alle einen präzise eingegrenzten Gültigkeitsradius haben. Ist es nicht wunderbar, dass im Unterschied zu einem Roboter bei einem Menschen ein letzter Rest an Unerfassbarkeit verbleibt?

Was heißt »unheilbar«?

Was heißt »unheilbar«? Statt vieler unvollkommen verständlicher und vor allem unkontrollierbarer Darlegungen möchte ich mich darauf beschränken, einen selbsterlebten, konkreten Einzelfall darzustellen. In einer Psychiatrischen Klinik lag ein jüngerer Mann, der sich in einem sogenannten Hemmungszustand befand: Durch volle fünf Jahre sprach er kein Wort, aß nicht spontan, so dass er künstlich, mittels eines Schlauches durch die Nase, ernährt werden musste, und hielt sich tagein tagaus im Bette auf, so dass die Muskulatur seiner Beine schließlich verkümmerte. Wenn ich anlässlich einer der so häufigen Führungen von Medizinern durch die Anstalt diesen Fall gezeigt hätte, dann hätte gewiss einer der Studenten – wie so häufig – die Frage an mich gerichtet: »Sagen Sie nun ernstlich, Herr Doktor, wäre es nicht besser, man würde so einen Menschen vertilgen?« Nun, die Zukunft hätte ihm die Antwort gegeben. Denn eines Tages, ohne jeden ersichtlichen Grund, erhob sich unser Kranker im Bett, verlangte vom Pfleger, seine Mahlzeit auf gewöhnliche Weise einnehmen zu dürfen, und verlangte auch, aus dem Bett herausgenommen zu werden, um mit Gehübungen zu beginnen. Auch sonst verhielt er sich völlig normal, das heißt seiner Situation gemäß. Allmählich begannen die Muskeln an seinen Beinen wieder kräftiger zu werden, und es dauerte nur wenige Wochen, bis der Patient »geheilt entlassen« werden konnte. Kurz darauf arbeitete er nicht nur wieder in seinem früheren Beruf, sondern hielt er auch wieder Vorträge an einer der Wiener Volkshochschulen, und zwar über Auslandsreisen und Hochtouren, die er einmal gemacht und von denen er wunderschöne Fotos mitgebracht hatte. Einmal aber sprach er auch vor einem kleinen intimen Kreis psychiatrischer Fachkollegen, nachdem ich ihn dorthin zu einem Vortrag über sein Innenleben während der kritischen fünf Jahre seines Anstaltsaufenthalts eingeladen hatte. In diesem Vortrag schilderte er nun alle möglichen interessanten Erlebnisse aus jener Zeit und gewährte uns einen Einblick nicht nur in den seelischen Reichtum, der sich seinerzeit hinter der äußeren »Bewegungsarmut«

(wie sich die Psychiatrie auszudrücken pflegt) verborgen hatte, sondern auch so manches bemerkenswerte Detail des Geschehens »hinter den Kulissen« – jenes Geschehens, von dem ein nicht höchst gewissenhafter Arzt, der nämlich nur Visiten macht und außerhalb dieser Visiten nicht viel zu Gesicht bekommt, nichts ahnt. Der Kranke erinnerte sich noch nach Jahren an dieses oder jenes Ereignis – sehr zum Leidwesen des einen oder anderen Pflegers, der wohl nie damit gerechnet haben mag, dass der Kranke gesunden und seine Erinnerungen preisgeben werde.

KOMMENTAR

Eine erstaunliche Krankengeschichte! Sie korrespondiert mit den Berichten aufgewachter Komapatienten, die auch auf mehr »Innenleben« schließen lassen, als man den Patienten während ihrer Bewusstlosigkeit zugetraut hätte. Deshalb ist bedingungsloser Respekt vor der Personenwürde geboten, insbesondere dann, wenn sich jemand nicht mehr selbst ausdrücken kann.

Wahn und Person

Es zeigt die Existenzanalyse, dass und inwieweit das Schicksal, Psychose genannt, »immer noch gestaltbar ist«, und die Logotherapie zeigt, dass und inwiefern »dieses Schicksal erst zu gestalten ist«. Nun aber werden wir dessen gewahr, dass dieses Schicksal, Psychose genannt, immer schon gestaltet ist; denn immer schon war die Person am Werk; immer schon war sie mit im Spiel; immer schon hat sie mitgestaltet das Krankheitsgeschehen; denn es widerfährt und geschieht einem Menschen: Ein Tier müsste sich treiben lassen von der krankhaften Impulsivität; der Mensch allein kann sich auseinandersetzen mit alledem. Und er hat sich immer schon auseinandergesetzt – er hat es getan im Augenblick, in dem es überhaupt zu Verarmungswahn oder Versündigungswahn kommt – je nachdem.

Nur dass solche implizite Pathoplastik nicht verwechselt werden dürfte mit der gängigen Behauptung, der Wahn stelle die psychische Reaktion auf einen somatischen Prozess dar; denn unsererseits ist nicht die Rede von psychischen Reaktionen, sondern von geistigen Akten, und zwar solchen personaler Haltung und Einstellung zur Psychose. Wie sehr diese geistigen Akte personaler Haltung und Einstellung zu unterscheiden sind von bloßen psychischen Reaktionen, geht eindeutig hervor aus der Tatsache, dass die jeweilige personale Haltung und Einstellung auch noch dem Wahn selbst gegenüber eingenommen werden kann, muss und wird.

So gilt es, genau zu unterscheiden zwischen dem Somatischen, dem Psychischen und dem Geistigen. In einzelnen Fällen ist Eifersuchtswahn tatsächlich die psychische Reaktion auf einen somatischen Prozess; aber dass ein solcherart paranoid Erkrankter – wie in einem uns bekannten konkreten Falle – nicht aus seinem Wahn heraus sich hinreißen lässt zu einem Mord, sondern hingeht und seine plötzlich erkrankte Frau zu verwöhnen und zu verzärteln beginnt* – dies ist eine geistige Umstellung, durchaus zurechenbar der – in dieser Hinsicht durchaus zurechnungsfähigen – geistigen Person.

KOMMENTAR

Bei der Erörterung der Tests haben wir gesehen, dass ein letzter Rest an Unerfassbarkeit im Menschen verbleibt. Analog verbleibt ein letzter winziger Rest an Entscheidungsfreiheit bei von psychotischen Wahngebilden gebeutelten Personen. Ihr verzerrtes Denken gaukelt ihnen Irreales vor. Wie sie mit solch halluziniert Irrealem umgehen, können sie noch minimal mitbestimmen.

---

* In dieser Leistung: dass sozusagen aus dem Wahn keine Konsequenzen gezogen werden, bekundet sich nicht zuletzt die Trotzmacht des Geistes; im vorliegenden Falle bekundet sie sich einzig und allein darin und selbstverständlich nicht etwa in einer Einsicht in den Wahn als einen Wahn oder in die Eifersucht als eine Krankheit, in einer sogenannten Krankheitseinsicht.

Psychotisches Feindbild

Wir haben bereits auseinandergesetzt, dass die Person in der Psychose (nicht mehr und nicht weniger als) 1. »unsichtbar« und 2. »ohnmächtig« sei. Nun müssen wir jedoch noch hinzusetzen: In der Psychose ist die Person nicht selten auch 3. »blind« und 4. »unbeeinflussbar«: Blind ist sie etwa in der endogenen Depression – nämlich blind für so etwas wie Sinn und Werte. Und unbeeinflussbar ist sie etwa in der Paranoia – nämlich unbeeinflussbar seitens des den Wahn als solchen durchschauenden Arztes.

Und trotzdem gilt nach wie vor, und so denn auch von der Paraphrenie: dass auch sie keine »Geisteskrankheit« in dem Sinne darstellt, als ob da die geistige Person, der personale Geist selber erkrankt wäre. Warum komme ich dann aber an diesen personalen Geist so ganz und gar nicht heran? Warum komme ich ihm dann nicht bei? Warum habe ich dann dennoch keinen Zugang zu ihm?

Weil hier eine tragische Verkettung von Umständen vorliegt: Kaum dass ich nämlich versuche, mich den Wahnideen eines Kranken etwa mit einer Art Persuasion zu nähern, gieße ich auch schon sozusagen Wasser auf die Mühle des Wahnsystems. Der Versuch einer Einflussnahme fördert nur die Unbeeinflussbarkeit; denn in dem Augenblick, da ich die Wahnideen des Kranken, um sie zu korrigieren, als krankhaft und wahnhaft hinstelle – die Voraussetzungen des Persuasionsversuchs –, im gleichen Augenblick stelle ich mich selbst auch schon in eine Reihe mit den »Feinden« des Kranken. In dem Augenblick, da ich den Wahnkranken als solchen behandle, gehe ich auch schon, als Teilinhalt, in sein Wahnsystem ein. Nicht ich »falle«, sondern er »stürzt« mich aus der Rolle eines ärztlichen Helfers und drängt mich in die eines angeblichen Konspiranten. Nolens volens wird mir, bei solchem Behandlungsversuch, diese Rolle aufgedrängt, und nur darum kann ich nicht reüssieren.

Hier haben wir es sonach mit einem *Circulus vitiosus* zu tun, in den sich der Kranke jeweils sogleich verfängt: Die Diagnose verunmöglicht die Therapie – das Gutachten verändert den Befund – der Versuch, die Rolle des Arztes zu übernehmen, zwingt mich, die eines »Feindes« zu spielen. Durch diesen Teufelskreis ist die geistige Person des Kranken eingekreist, eingeschlossen, eingemauert. Trotzdem braucht sie darum aber noch lange nicht selber in das psychophysische Krankheitsgeschehen einbezogen zu sein.

KOMMENTAR

Psychotisch Kranke sind arm dran. Jahrhunderte lang wurden sie als Verrückte deklariert, verstoßen, weggesperrt. Wegen ihrer Unbeeinflussbarkeit und Uneinsichtigkeit kann kein gut gemeintes Gespräch ihnen helfen, und ihre eigenen Ressourcen sind, wie gesagt, minimal. Alle Hoffnung ruht auf der modernen Medizin, die bisher schon ausgezeichnete Fortschritte gemacht hat.

Die Würde des Menschen bleibt

Mag der prognostisch infausteste psychotisch Erkrankte noch so sehr allen Nutzwert verloren haben – er behält seine Würde, und er verdient unsere Ehrfurcht. »Mag einer noch ungeboren, mag er Kind sein oder, unfähig einer menschlichen Äußerung, in geistiger Umnachtung leben: Sein menschliches Wesen, seine Persönlichkeit als ontische Gegebenheit bleibt immer in gleicher Weise bestehen. Die Möglichkeit zur inneren sittlichen Entscheidung für das Gute hat mit einer besonderen Höhe der Intelligenz- und Willenskraft an sich nichts zu tun.«* Worauf all dies hinausläuft, ist »Achtung vor dem Geist, der in jedem Menschen, auch noch im Irren vorhanden ist«.** Und zwar umso mehr, als er eben krank, »geistes«-krank ist; denn der Wertrang des Homo patiens ist höher als der des Homo faber. Der leidende Mensch steht höher als der tüchtige Mensch. Und trotz aller Untauglichkeit ist sein Leben gerade das genaue Gegenteil von

---

* Josef Fulko Groner, *Hochland* 48/1955, S. 42.

** Thomas von Aquin, *Summa Theologicae, Die Deutsche Thomas-Ausgabe*, Bd. 18, kommentiert von Arthur Fridolin Utz, S. 484.

»lebensunwert«: auf geheime und verborgene Weise ist es in höchstem Maße sinnschwanger und lebenswürdig!

Zu uns wird ein etwa sechzigjähriger Mann gebracht, der an einem Defekt- und Endzustand nach Dementia praecocissima leidet. Er hört Stimmen, halluziniert also akustisch, ist autistisch, tut den ganzen Tag nichts anderes als Papier zerreißen und führt solcherart ein scheinbar ganz und gar sinnloses Leben. Wollten wir uns an die Einteilung der Lebensaufgaben nach Alfred Adler halten, so erfüllt unser Patient – dieser »Idiot«, wie er genannt wird – keine einzige der Lebensaufgaben: Einer Arbeit geht er nicht nach, von der Gemeinschaft ist er so gut wie ausgeschlossen, und das Geschlechtsleben, von Liebe und Ehe nicht zu sprechen, ist ihm versagt. Und dennoch: Welch eigenartiger, merkwürdiger Charme geht von diesem Menschen aus, vom Kern seiner Menschlichkeit – die von der Psychose unberührt geblieben ist: vor uns steht ein Grandseigneur! Aus dem Gespräch ergibt sich, dass er mitunter jähzornig aufbraust, aber im letzten Moment sich zu beherrschen imstande ist. Da geschieht es, dass ich ihn von ungefähr frage: »Wem zuliebe beherrschen Sie sich dann doch?«, und er antwortet mir: »*Gott zuliebe* …« Und da fallen mir die Worte von Kierkegaard ein: »Selbst wenn der Wahnsinn mir das Narrenkleid vor die Augen hielte ich kann meine Seele noch erretten: wenn meine Liebe zu Gott in mir siegt.« Erst wenn man einmal dort steht, von wo aus sich das trostloseste und aussichtsloseste Schicksal tragen lässt – nämlich nur »Gott zuliebe«, wie unser »idiotischer« Patient uns bewiesen hat: dann erst kann man ja zum Leben sagen trotz allen Bedingungen und Umständen, auch unter misslichsten und ungünstigsten.

KOMMENTAR

Was hätten die meisten Psychologen den schizophrenen Mann gefragt? Doch wohl dies: Worüber er sich denn ärgere, wenn er jähzornig aufbrause? Welch ein Feingespür Viktor Frankl hatte, zeigte sich an seiner ganz anders gearteten Fragestellung: Wem zuliebe der Mann sich beherrsche? Damit evozierte er statt einer Aggressionsantwort auf der Triebebene eine Glaubensantwort auf geistiger Ebene …

HILFE IN EXTREMEN LEBENSSITUATIONEN

Wer ein Warum zu leben hat ...

Jeder Versuch, die Menschen im Konzentrationslager innerlich wieder aufzurichten, setzte voraus, dass es uns gelang, sie auf ein Ziel in der Zukunft hin auszurichten. Wer an eine Zukunft nicht mehr zu glauben vermochte, war hingegen im Lager verloren. Mit der Zukunft verlor er den geistigen Halt, ließ sich innerlich fallen und verfiel sowohl körperlich als auch seelisch. Dies geschah zumeist sogar ziemlich plötzlich, in Form einer Art Krise, deren Erscheinungsweisen dem halbwegs erfahrenen Lagerinsassen geläufig waren. Die Devise nun, unter der alle psychotherapeutischen Bemühungen den Häftlingen gegenüber stehen mussten, war: Wir hatten an den Willen zum Leben, zum Weiterleben, zum Überleben des Lagers zu appellieren. Aber der Lebensmut beziehungsweise die Lebensmüdigkeit erwiesen sich als jeweils abhängig einzig und allein davon, ob einer den Glauben besaß an einen Sinn des Lebens, seines Lebens. Ein Wort von Nietzsche war es, das man als Motto über die ganze psychotherapeutische

Arbeit im Konzentrationslager hätte setzen können: »Wer ein Warum zu leben hat, erträgt fast jedes Wie.« Ein Warum – das ist ein Lebensinhalt; und das Wie – das waren jene Lebensumstände, die das Lagerleben so schwierig machten, dass es eben nur im Hinblick auf ein Warum überhaupt tragbar wurde. Man musste also den Lagerinsassen, sofern sich hie und da einmal die Gelegenheit hierzu bot, das »Warum« ihres Lebens, ihr Lebensziel, bewusstmachen, um so zu erreichen, dass sie auch dem furchtbaren »Wie« des gegenwärtigen Daseins, den Schrecken des Lagerlebens, innerlich gewachsen waren und standhalten konnten. Im Lager galt es bei aller Psychotherapie, an das zu appellieren, was ich den Willen zum Sinn genannt habe; aber in dieser äußersten Grenzsituation, in der sich der Mensch im Lager befand, musste der Sinn, an dessen Erfüllungsanspruch sich da einer hingeben sollte, ein dermaßen unbedingter Sinn sein, dass er nicht nur das Leben – nein: dass er auch Leiden und Sterben mit in sich einbeschloss. Denn ein Leben, dessen Sinn damit steht und fällt, dass man mit ihm davonkommt oder nicht, ein Leben also, dessen Sinn von Gnaden eines solchen Zufalls abhängt, solch ein Leben wäre nicht eigentlich wert, überhaupt gelebt zu werden. Es ging also um einen unbedingten Sinn des Lebens. Wobei freilich zwischen Unbedingtheit einerseits und Allgemeingültigkeit andererseits – analog dem, was Jaspers von der Wahrheit ausgesagt hat – zu unterscheiden wäre: Der unbedingte Sinn, den wir an ihm zweifelnden und verzweifelnden Menschen im Lager aufzuzeigen hatten, war jeweils nichts weniger als vage und allgemein, vielmehr im genauen Gegenteil der konkrete, allerkonkreteste Sinn ihres persönlichen Daseins. An einem Beispiel möge dies erhellt werden:

Eines Tages saßen im Lager zwei Menschen vor mir, beide zum Selbstmord entschlossen; beide gebrauchten die im Lager stereotyp zu hörende Redewendung: Ich habe vom Leben nichts mehr zu erwarten. Nun galt es, die beiden eine Art kopernikanische Wendung vornehmen zu lassen, so zwar, dass sie nicht mehr fragten, ob und was sie vom Leben zu erwarten hätten, sondern darauf hingewiesen wurden, dass ja umgekehrt das Leben auf sie wartete, dass jedes einzelnen von ihnen, ja von allen, irgendwer oder irgendwas harrte – je nachdem: ein Werk oder ein Mensch. Tatsächlich stellte sich bald heraus, dass – jenseits von dem, was die beiden Häftlinge vom Leben zu erwarten hatten – je ihr Leben mit ganz konkreten Aufgaben auf sie wartete. Hatte sich doch ergeben, dass der eine eine Serie geographischer Bücher veröffentlicht, die Serie aber noch nicht zum Abschluss gebracht hatte; und der andere hatte eine Tochter im Ausland, die mit abgöttischer Liebe an ihm hing. Auf den einen wartete somit ein Werk, auf den anderen – ein Mensch. Beide waren demnach gleichermaßen in jener Einzigartigkeit und Unvertretbarkeit bestätigt, die dem Leben trotz des Leidens einen unbedingten Sinn zu geben vermag. Für seine wissenschaftliche Arbeit war der eine ebenso unersetzlich, wie der andere unaustauschbar war innerhalb der Liebe seiner Tochter.

KOMMENTAR

Es muss eine seltsam zwiespältige Doppelrolle gewesen sein, in die Frankl während seiner Inhaftierung hineingedrängt wurde. Einerseits war er selbst Betroffener mit allen tragischen Konsequenzen. Andererseits war er ein erfahrener Seelenarzt, der die tragischen Konsequenzen bei den übrigen Betroffenen anschaulich vor Augen hatte und sich bemüßigt fühlte, ihnen Halt und Trost zu spenden.

Ärztliche Seelsorge

Als ein prominenter Jurist, an dem wegen arteriosklerotischer Gangrän eine Beinamputation vorgenommen werden musste, zum ersten Male danach das Bett verließ, um die ersten einbeinigen Gehversuche zu machen, brach er in Tränen aus. Da fragte ihn sein Arzt, ob er etwa darauf aspiriere, Langstreckenläufer zu werden; denn dann, aber auch nur dann, wäre seine Verzweiflung verständlich. Diese Frage zauberte sofort ein Lächeln unter Tränen herbei. Sofort hatte der Patient die an sich so banale Tatsache erfasst, dass der Sinn des Lebens nicht einmal für einen

Langstreckenläufer ausschließlich darin liege, möglichst flott zu gehen, und dass das menschliche Leben nicht so arm an Wertmöglichkeiten sei, dass es durch den Verlust einer Extremität bereits sinnlos werden könnte.

Am Vorabend vor einer Beinamputation wegen Knochentuberkulose machte eine andere Patientin in einem Briefe an ihre Freundin Andeutungen bezüglich Selbstmordgedanken. Der Brief konnte rechtzeitig umstradiert werden und gelangte in die Hände eines Arztes jener chirurgischen Abteilung, auf der die Kranke lag. Wenige Minuten nach Abfassung des Schreibens improvisierte er eine Aussprache mit ihr. Auch er machte der Kranken klar, dass das menschliche Dasein sehr arm zu nennen wäre, wenn es tatsächlich mit dem Verlust eines Beines den ganzen Sinn und Inhalt verlöre. Unter solchen Umständen könnte höchstens das Leben einer Ameise zwecklos werden – wenn sie das vom Ameisenstaat ihr gesteckte Ziel, mit sechs Beinen herumzulaufen und nützlich zu sein, nicht mehr erreichte; bei einem Menschen aber müsse das wohl anders sein. Diese Plauderei des jungen Arztes, gleichsam *in sokratischem Stile* gehalten, verfehlte nicht ihre Wirkung. Sein Chef aber, der am nächsten Tag die Amputation vornahm, weiß bis heute noch nicht, dass trotz gelungener Operation die Patientin beinahe auf dem Sektionstisch gelandet wäre.

Die Existenzanalyse musste den revolutionären und ketzerischen Schritt wagen, nicht nur die Leistungs- oder Genussfähigkeit des Menschen sich zum Ziel zu setzen, sondern, darüber hinaus, auch in seiner Leidensfähigkeit eine grundsätzlich mögliche und tatsächlich notwendige Aufgabe zu sehen. Damit wird sie Angelegenheit jedes Arztes und ist nun nicht mehr Angelegenheit des Neurologen, Psychiaters oder Psychotherapeuten; vor allem aber wird sie Angelegenheit von Internisten, Orthopäden und Dermatologen, und dies sogar noch viel mehr als eine der vorher angeführten Kategorien von Fachärzten. Denn der Internist hat es mit chronisch Kranken und unheilbar Siechen zu tun, der Orthopäde mit lebenslänglich Verkrüppelten und der Dermatologe mit auf Lebensdauer Entstellten. Sie alle bekommen es also mit Menschen zu tun, die unter einem nicht mehr gestaltend, sondern nur noch duldend zu bewältigenden Schicksal zu leiden haben.

KOMMENTAR

Solche »Plaudereien« in sokratischem Stil müssen mit sehr viel Fingerspitzengefühl erfolgen, da ein Nicht-Betroffener immer »leicht reden kann«. Deshalb schließe ich mich Frankls Meinung an, dass alle Ärzte, egal welchen Fachgebietes, eine Schulung in Patientenkommunikation erhalten sollten. Müssen sie doch so manche Hiobsbotschaft überbringen und zu dämpfen versuchen.

Vergötzung und Verzweiflung

Die Notwendigkeit und Möglichkeit ärztlicher Seelsorge soll an einem chirurgischen Fall exemplifiziert werden: Eine Krankenschwester meiner Klinik wird operiert, und der Tumor erweist sich bei der Probelaparotomie als inoperabel. In ihrer Verzweiflung lässt mich die Krankenschwester zu sich bitten. Im Gespräch ergibt sich, dass sie nicht einmal so sehr wegen ihrer Krankheit verzweifelt ist, als vielmehr wegen ihrer Arbeitsunfähigkeit: Sie liebt ihren Beruf über alles, kann ihn aber jetzt nicht mehr ausüben. Was hätte ich dieser Verzweiflung gegenüber sagen sollen? Die Situation dieser Krankenschwester war ja wirklich aussichtslos (eine Woche später starb sie). Dennoch habe ich versucht, ihr klarzumachen: Dass sie acht oder weiß Gott wieviel Stunden im Tag arbeitet, ist noch keine Kunst – das kann ihr bald jemand nachmachen; aber so arbeitswillig sein wie sie und dabei so arbeitsunfähig – und trotzdem nicht verzweifeln –, das wäre eine Leistung, sagte ich ihr, die ihr nicht so bald jemand nachmachen kann. Und, so fragte ich sie weiter, begehen Sie nicht eigentlich ein Unrecht an all den Tausenden von Kranken, denen Sie als Krankenschwester doch ihr Leben geweiht haben: begehen Sie kein Unrecht an ihnen, wenn Sie jetzt so tun, als ob das Leben eines Kranken oder Siechen, also eines arbeitsunfähigen Menschen, sinnlos wäre? Sobald Sie in Ihrer Situation verzweifeln, sagte ich ihr, tun

Sie ja so, als ob der Sinn eines Menschenlebens damit stünde und fiele, dass der Mensch so und so viele Stunden arbeiten kann; damit aber sprechen Sie allen Kranken und Siechen jedes Lebensrecht und alle Daseinsberechtigung ab. In Wirklichkeit haben Sie gerade jetzt eine einmalige Chance: Während Sie bisher all den Menschen gegenüber, die Ihnen anvertraut waren, nichts anderes leisten konnten als dienstlichen Beistand, haben Sie nunmehr die Chance, mehr zu sein: menschliches Vorbild.

Diese wenigen Worte der Andeutung müssen genügen, um zu zeigen, dass sich selbst noch in solchen Fällen durchaus verständlicher, ja scheinbar berechtigter Verzweiflung die Depression aus den Angeln heben lässt: Man muss nur wissen, dass letztlich alle Verzweiflung eines ist: Vergötzung – Verabsolutierung eines einzigen Wertes (im obigen Falle: Vergötzung des Wertes der Arbeitsfähigkeit).* Die Psychothera-

---

* Siehe Viktor E. Frankl, »Homo patiens«, S. 87ff., Wien 1950: »Wir möchten die Behauptung wagen, dass jemand, der verzweifelt ist, eben damit auch schon verrät, dass er etwas vergötzt hat. Dass er damit verrät, dass er irgend etwas, das nur bedingt wertvoll ist, nur relativen Wert hat, zum absoluten Wert verabsolutiert … So sehen wir denn, dass jede Vergötzung sich durch die Verzweiflung nicht nur verrät, sondern auch rächt.« Mit alledem ist selbstverständlich noch lange nicht gesagt, jede Verabsolutierung eines relativen Wertes führe zu einer Neurose oder jede Neurose sei auf die Verabsolutierung eines relativen Wertes zurückzuführen und etwa »ein Abfall von der Wertehierarchie«. Nicht jede Verzweiflung ist pathogen, und nicht jede Neurose ist »noogen«.

pie ist selbst in solchen Fällen – das wenigstens hoffen wir gezeigt zu haben – weder aussichtslos noch undankbar zu nennen. Man könnte sich höchstens fragen, ob es sich hierbei noch um ärztliches Tun handelt. Wir meinen indes: um Arzttum sogar in bestem Wortsinn. Und niemand geringerer als Klaesi war es, der in seiner Rektoratsrede vom Arzt, der sich mit Unheilbaren konfrontiert findet, ausgesagt hat: »Sein höchstes Wirken und Können setzt da ein, wo die Heilbarkeit des Kranken aufhört.«

KOMMENTAR

Verzweiflung ist ein schlimmer Zustand. Dass sich dieser Zustand umso eher einstellt, als ein Wert bedroht oder verloren gegangen ist, den man überaus hoch gehalten hat, ist verständlich. Dem vorzubeugen gibt es nur eines: Verstehen, dass alle uns gewährten Werte nur Lehen sind, Geschenke auf Zeit, die unser Leben vergolden, aber irgendwann einmal verabschiedet werden müssen.

Das Leiden hat »Übersinn«

Die Endlichkeit des menschlichen Geistes bringt es mit sich, dass ihm jeweils nur ein partikulärer Sinn zugänglich ist: Der Sinn des Ganzen geht über das menschliche Fassungsvermögen hinaus, und nur ein Grenzbegriff wie der des

»Übersinns« kommt dem »Willen zum Sinn« entgegen. An dieser Stelle jedoch schlägt Wissen in Glauben um; dass aber der Glaube an den Übersinn das Naheliegendste ist, sobald ihm eine Bemühung des Denkens, eine »Anstrengung des Begriffs«, den Weg bereitet, soll kasuistisch belegt werden: Eines Tages stolpere ich in eine von meinem Assistenten Dr. K. Kocourek veranstaltete gruppentherapeutische Sitzung hinein. Soeben bespricht die Gruppe den Fall einer Frau, der vor kurzem ihr elfjähriger Junge an einem Blinddarm-Durchbruch zugrunde gegangen war, während ein zwanzigjähriger Sohn zurückblieb, der an Morbus Little leidet und im Rollstuhl fortbewegt werden muss. Die Mutter hatte versucht, sich das Leben zu nehmen, und war daraufhin zu mir in die Klinik gebracht worden. Da schalte ich mich ein und greife eine junge Frau heraus, die ich improvisierend auffordere, sich vorzustellen, sie sei an die achtzig Jahre alt, ihr Tod stehe bevor, und sie blicke auf ihr Leben zurück, und zwar ein Leben voll von gesellschaftlichem Prestige und erotischem Erfolg, aber auch nicht mehr als alledem: Was würde sie zu sich selbst sagen? »Ich hatte es gut im Leben, war reich, wurde verwöhnt, hielt die Männer zum Narren, indem ich mit ihnen flirtete, und ließ mir nichts abgehen. Nunmehr bin ich alt, ich lasse keine Kinder zurück und muss sagen, dass mein Leben streng genommen ein Fehlschlag war; denn ins Grab kann ich mir nichts mitnehmen. Wozu war ich auf der Welt?« Nun lade ich die Mutter des Behinderten ein, sich in dieselbe Lage zu versetzen und zu sagen, was sie sich dächte: »Ich hatte mir Kinder gewünscht, und dieser mein Wunsch ging in Erfüllung. Das jüngere starb, und mit dem älteren blieb ich zurück. Wenn nicht ich gewesen wäre, hätte aus ihm nichts Rechtes werden können. Es wäre in irgendeiner Anstalt für Idioten gelandet; aber so war ich es, die aus ihm einen Menschen machte. Mein Leben war *kein* Fehlschlag. Mag es auch noch so schwer gewesen sein, es war voll von Aufgaben, und wenn es mir gelungen sein sollte, sie zu bewältigen, war es sinnvoll. Nunmehr kann ich ruhig sterben.« Nur schluchzend brachte sie diese Worte hervor. Die Mitpatienten jedoch hatten ihnen entnommen, dass es wohl weniger darauf ankommt, ob das Leben eines Menschen lust- oder leidvoll, als vielmehr darauf, ob es sinnvoll ist, und dem gegenüber tritt sogar die längere oder kürzere Dauer eines Menschenlebens zurück.

Aber noch war der Sinn des Leidens nicht gründlich und endgültig erörtert worden. Darum fuhr ich fort: »Stellen Sie sich einmal vor, einem Affen werden schmerzhafte Injektionen gegeben, um ein Serum gegen Poliomyelitis zu gewinnen. Vermöchte der Affe jemals zu begreifen, warum er leiden muss? Aus seiner Umwelt heraus ist er außerstande, den Überlegungen des Menschen zu folgen, der ihn in seine Experimente einspannt; denn die menschliche Welt, eine Welt des Sinnes und der Werte, ist ihm nicht zugänglich. An sie reicht er nicht heran, in ihre Dimension langt er nicht hinein; aber ergeht es dem Menschen anders, ist die Welt des Menschen eine Art Endstation, so dass es jenseits ihrer nichts mehr gibt? Müssen wir nicht eher annehmen, dass die menschliche Welt selber und ihrerseits überhöht wird von einer nun wieder dem Menschen nicht zugänglichen Welt, deren Sinn, deren *Übersinn*, allein seinem Leiden erst den Sinn zu geben imstande wäre?«

KOMMENTAR

Tierschützer lesen dieses Affen-Beispiel nicht gerne. Doch ging es Frankl um etwas Prinzipielles. Auch die Biene versteht die Handlungen des Imkers nicht, und das Reh die Schüsse des Jägers nicht. Analog verstehen wir Menschen die Geschicke und Fügungen nicht, die unabwendbar in unsere Welt hineingreifen. Wir können nur annehmen, dass sie einen unbegreiflich »höheren« Sinn haben.

VERSÖHNUNG MIT UNABÄNDERLICHEM

Klimakterium

Soweit die Existenzanalyse eines Falles von Angstneurose die Neurose letztlich als einen Modus der Existenz begreift, als eine Weise des Daseins, menschlichen Stellungnehmens und geistiger Entscheidung, ist damit auch schon der Ansatz für eine Logotherapie als adäquater, spezifischer Therapie gegeben. Nehmen wir als Beispiel den konkreten Fall einer klimakterischen Angstneurose. Ungeachtet der endokrinen Gleichgewichtsstörung als somatogenen Unterbaus der Erkrankung war deren eigentliche Wurzel in der geistigen, existentiellen Dimension zu finden: im Erlebnis der Lebenskrise als einer existentiellen Krise, in der Bedrohung eines Menschen durch eine im Geistigen negative Lebensbilanz. Die Patientin war als schöne Frau von der Gesellschaft verwöhnt worden; nun galt es, jenem Lebensabschnitt gegenüberzustehen, wo erotische Geltung nicht mehr in Frage kam, nun galt es, »bestehen« zu können angesichts der schwindenden Schönheit. Erotisch hatte diese Frau ausgespielt; nun fand sie sich ohne Ziel und

Zweck des Lebens, ohne Lebensinhalt – ihr Dasein erschien ihr sinnlos. »Morgens stehe ich auf«, sagte sie wörtlich, »und frage mich: was ist heute? Nichts ist heute …« Da bekam sie es mit der Angst zu tun. Und da sie keinen Lebensinhalt hatte, da sie kein Leben voll Inhalten aufbauen konnte, musste sie ihre Angst in ihr Leben einbauen.

Nun galt es, einen Lebensinhalt zu suchen, den Sinn ihres Lebens zu finden; ihn – und damit sich selbst, ihr Selbst, ihre inneren Möglichkeiten – jetzt jenseits von erotischem Erfolg und von sozialer Geltung. Es galt, die Patientin sich von ihrer Angst ab- und ihren Aufgaben zuwenden zu lassen. Dass dieses letztere, positive Ziel einer existenzanalytischen Logotherapie auch noch vor dem negativen Ziel aller Psychotherapie im engeren Wortsinn erreicht werden kann, wurde bereits gesagt; ja, die Erreichung des positiven Ziels wird unter Umständen schon von sich aus den Kranken von seiner neurotischen Angst befreien – insofern nämlich dieser Angst ihre existentielle Grundlage entzogen wird. Denn die neurotische Angst als existentielle wird gegenstandslos, sobald die Sinnfülle des Lebens wieder entdeckt ist und für die Angst sozusagen kein Platz mehr bleibt – und, wie jene Patientin spontan hinzubemerkte: »keine Zeit«. Was es hier zu tun galt, das war: diesen konkreten Menschen in seiner konkreten Situation zu der einmaligen und einzigartigen Aufgabe seines Lebens hinzuführen. Jetzt galt es für ihn, zu

»werden, was er ist«, vor ihm stand »ein Bild des, was er werden soll«, und solange er dies nicht war, war auch »nicht sein Friede voll«, um mit Rückert zu sprechen. Die klimakterische Krise musste zu einer kritischen Wiedergeburt »aus dem Geiste« gestaltet werden – das war in diesem Falle die Aufgabe der Logotherapie; wobei dem Therapeuten freilich *die Rolle eines Geburtshelfers im sokratischen Sinne* zukam. Wäre es doch nachgerade ein Kunstfehler, wenn man dem Patienten irgendwelche Aufgaben aufoktroyieren wollte. Im Gegenteil, der Existenzanalyse kommt es auf die Hinführung gerade zur selbständigen Verantwortlichkeit an.

Nun, auch im vorliegenden Falle konnte die Patientin »ihre« Lebensaufgabe finden. Mit der vollen Hinwendung zum neuen Lebensinhalt, mit der Hingabe an den neugewonnenen Daseinssinn und dem Erlebnis eigener Erfüllung in ihm war nicht nur ein neuer Mensch wiedergeboren, sondern auch alle neurotische Symptomatik geschwunden. Die ganzen funktionellen Herzsensationen, wie Unruhegefühl in der Herzgegend und Palpitationen, an denen die Kranke gelitten hatte, verschwanden, obzwar doch die klimakterische Grundlage hierzu fortbestand. So erwies sich, wie sehr dieses kardial-neurotische Erlebnis der »Unruhe« letztlich Ausdruck der geistigen Unruhe, der ganzen Unerlöstheit dieses Menschen gewesen war. »Inquietum est cor nostrum …«, heißt es bei Augustinus; unruhig war auch das Herz unserer Patientin –

solange es nicht ruhen konnte und Frieden fand im Bewusstsein ihrer einmaligen und einzigartigen Aufgabe, im Bewusstsein der Verantwortung und Verpflichtung vor ihrer Lebensaufgabe.

KOMMENTAR

Schade, dass uns Frankl nicht verriet, welche neue Lebensaufgabe die Dame gefunden hat. Es muss etwas Faszinierendes gewesen sein, wenn sie plötzlich »keine Zeit mehr« für ihre neurotischen Ängste hatte. Dabei ist es nicht einfach, sich im vorgerückten Alter auf Ungewohntes und Unbekanntes einzulassen. Andererseits wohnt »jedem neuen Anfang ein Zauber inne« … (Hermann Hesse)

Akzeptanz einer Hörstörung

Wiederum zeigt sich der Ort, der den von uns so genannten Einstellungswerten zukommt. Je nachdem, wie einer sich mit dem Schicksal – und zum Schicksal gehört auch die Vergangenheit – auseinandersetzt, je nach der Art und Weise, in der er das Schicksalhafte entweder gestaltet oder sonst wie bewältigt oder gar sich mit ihm aussöhnt – je nachdem hat er die Möglichkeit zur Verwirklichung von Einstellungswerten verwirklicht oder aber verwirkt. Im Folgenden wollen wir den Fall eines Patienten anführen, der an einer *Laesio auris interna* leidet. Neben der Octavusaffektion findet sich eine rechtsseitige Schwäche des Mundfacialis, doch zeitigt unsere Fahndung in Richtung auf die Möglichkeit eines Kleinhirnbrückenwinkelprozesses ein negatives Ergebnis. Patient gibt nun an, er führe seine Schwerhörigkeit auf seelische Ursachen zurück und erwarte von uns, dass wir ihn auf seelischem Wege von dieser seiner Überzeugung nach seelisch bedingten Gehörstörung nunmehr befreien. Wir klären ihn nun über seine irrtümliche Auffassung auf; seine Enttäuschung jedoch versuchen wir damit zu parieren, dass wir ihn darauf hinweisen, dass er den Defekt längst überkompensiert habe: Durch seine richtige Einstellung sei die Schwerhörigkeit insofern von ihm zu etwas Fruchtbarem gemacht, das Schicksal also richtig gestaltet worden, als er nie soviel gelesen und sich so sehr gebildet hätte, wenn er sich nicht gerade durch die Schwerhörigkeit zu reichlicher Bücherlektüre veranlasst gesehen hätte – wie er uns vorher selber berichtet hat. Trotzdem gibt unser Patient in rührender Weise seiner Trauer darüber Ausdruck, dass er nicht mehr, wie früher, Dienst als Lokomotivführer machen kann. Demgegenüber müssen wir ihn aber darauf verweisen, dass bezüglich innerer Befriedigung und Erfüllung durch Arbeit das Wo herzlich wenig, nur umso mehr aber das Wie wichtig ist. Nun wendet der Kranke aber ein, es liege ihm dennoch alles daran, »das eine« wieder zu erreichen: Lokomotivführer zu sein. Daraufhin halten wir ihm vor Augen, dass er es ja immerhin einmal erreicht habe – und das könne ihm nichts mehr auf der Welt rauben: dass ihm immerhin einmal diese berufliche Erfüllung zuteil geworden ist; jetzt gelte es, eben etwas anderes zu erreichen. Und in der elastischen Anpassungsfähigkeit seiner idealen Zielsetzung an die realen Gegebenheiten müsse sich seine geistige Spannkraft nun bewähren.

Hier zeigt sich so recht, was wir einmal bereits erwähnt haben: *dass ärztliche Seelsorge erst dort nötig wird, wo Psychotherapie im engeren Wortsinn unmöglich geworden ist.* Solche Psychotherapie wäre im Falle einer Hörstörung ja höchstens dann angezeigt, wo diese Störung exquisit psychogen ist. Dies ist sie nun im obigen Falle – trotz des diesbezüglichen Missverständnisses unseres Patienten – keineswegs, sie ist bei ihm ein organisch bedingtes Leiden. Hat sich uns aber denn nicht gezeigt, wie gerade das unnötige Ankämpfen, die unversöhnliche Haltung gegenüber einem gegebenen Schicksal nun ihrerseits eine gewisse Psychotherapie erfordert? Psychotherapie eben in einem bestimmten, einem erweiterten Sinne – eben ärztliche Seelsorge! Was da Not tut, ist ja: den Kranken innerlich zu ermächtigen, dass er das Notwendige, das weder somatisch noch psychisch einer Behandlung Zugängliche, hinnehmen lerne als echtes Schicksal, hinnehmen somit als etwas, demgegenüber alles nur mehr darauf ankommen kann, wie man es auf sich nimmt, wie man es trägt, wie man sein Leiden leidet.

KOMMENTAR

Welch eine lehrreiche Intervention Frankls! Enttäuschung und Trauer verwandeln sich beim Patienten in »Stolz auf seine Elastizität« (bezüglich seines jetzigen Bücherlesens) und »Genugtuung über das Erreichte« (bezüglich seines Traumberufs, den er ausüben hat dürfen). Als dann noch das Wort »geistige Spannkraft« fiel, wird der Patient voller guter Vorsätze heimgekehrt sein.

Lebenskunst einer Kranken

Wenn die Frage nach dem bloßen Nutzwert auch kranken Lebens für die menschliche Gesellschaft und den wissenschaftlichen Fortschritt je erhoben wird, dann verrät diese Fragestellung bereits einen un-menschlichen und sonach einen auch un-ärztlichen Standpunkt, einen Standpunkt radikaler Verdinglichung und Entwürdigung des Menschen, den einzunehmen wir von vornherein ablehnen. Selbst der geisteskranke Mensch »ist« für uns keine Krankheit, sondern in erster Linie Mensch, also ein Mensch, der eine Krankheit »hat«. Und wie menschlich kann dieser Mensch sein, wenn er auch noch so krank ist, und auch wenn er geisteskrank ist, wie menschlich kann er nicht nur trotz und in seiner Krankheit sein, sondern in seiner Einstellung zur Krankheit. Da lernte ich vor vielen Jahren eine alte Frau kennen, die seit Jahrzehnten an einer schweren Geistesstörung litt und ständig von Sinnestäuschungen gepeinigt wurde: Immer hörte sie »Stimmen«, die all ihr Tun und Lassen kritisierten und mit höhnischen Bemerkungen quittierten – gewiss ein höchst qualvoller Zustand. Wie aber hatte diese Frau zu diesem ihrem schrecklichen Schicksal Stellung genommen, wie hatte sie sich mit diesem Schicksal – ausgesöhnt! Denn sichtlich hatte sie das getan: war sie doch in ihrem Gespräch, während der Schilderung ihres Zustands, trotzdem gelassen und heiter; war sie doch im Rahmen des Möglichen sogar ein arbeitsamer Mensch geblieben. Selber erstaunt darüber, erlaubte ich mir die vorsichtige Frage, was sie denn von diesem Zustand denke und wie sie so lächeln könne, ob denn dieses fortwährende Stimmenhören nicht allzu grauenhaft sei. Und was gab sie zur Antwort? »Mein Gott – ich denk mir halt, Herr Doktor, es ist noch immer besser, ich hör Stimmen, als wann ich schwerhörig wär.« Und schelmisch lächelte sie weiter. Welche Menschlichkeit, welche menschliche Leistung – man ist verführt zu sagen: welche Lebenskunst birgt doch diese Äußerung!

KOMMENTAR

Es ist selten, dass schicksalsgeprüfte Personen registrieren, dass es praktisch immer eine Variante gäbe, die ihnen noch weniger gefiele als die bei ihnen vorliegende. Sie glauben, bereits in die tiefste Talsohle geschlittert zu sein. Nur »Ausnahmetalente« wie die Patientin hier entdecken, dass es noch tiefere Abgründe gibt, in die sie gleichermaßen hätten hineinschlittern können.

Etwas in der Welt zurücklassen

Wie sieht nun die Nutzanwendung der Logo-Theorie in der Praxis aus? In diesem Zusammenhang möchte ich den Fall einer Krankenschwester zitieren, die mir im Rahmen eines Seminars, das ich für das Department of Psychiatry an der Stanford University zu halten hatte, vorgestellt wurde: Diese Patientin litt an einem nicht operierbaren Krebs, und sie wusste darum. Weinend trat sie ins Zimmer, in dem die Stanford-Psychiater versammelt waren, und mit von Tränen erstickter Stimme sprach sie von ihrem Leben, von ihren begabten und erfolgreichen Kindern und davon, wie schwer es ihr nun falle, von alledem Abschied zu nehmen. Bis zu diesem Zeitpunkt hatte ich, offen gesagt, noch keinen Ansatzpunkt gefunden, um logotherapeutisches Gedankengut in die Diskussion zu werfen. Nunmehr ließ sich das in ihren Augen Negativste, dass sie das für sie Wertvollste in der Welt zurücklassen muss, in etwas Positives umsetzen, als etwas Sinnvolles verstehen und deuten: Ich brauchte sie nur zu fragen, was denn eine Frau sagen soll, die keine Kinder hätte. Ich sei zwar überzeugt, dass auch das Leben einer kinderlos gebliebenen Frau keineswegs sinnlos bleiben muss. Aber ich könnte mir sehr wohl vorstellen, dass eine solche Frau zunächst einmal verzweifelt, weil eben nichts und niemand da ist, den sie »in der Welt zurücklassen muss«, wenn es dazu kommt, von der Welt Abschied zu nehmen. In diesem Augenblick hellten sich die Züge der Patientin auf. Plötzlich war sie sich dessen bewusst, dass es nicht darauf ankommt, ob wir Abschied nehmen müssen, den früher oder später muss es jeder von uns. Sehr wohl kommt es aber darauf an, ob überhaupt etwas existiert, von dem wir Abschied nehmen müssen. Etwas, was wir in der Welt zurücklassen können, mit dem wir einen Sinn und uns selbst erfüllen an dem Tag, an dem sich unsere Zeit erfüllt. Es lässt sich kaum beschreiben, wie erleichtert die Patientin war, nachdem das sokratische Gespräch zwischen uns eine kopernikanische Wendung genommen hatte.

KOMMENTAR

Es gibt kaum ein so erschütterndes, Tränen schürendes Thema wie das Thema »Abschied nehmen«. Trotzdem kann man es – wie Frankl gezeigt hat – auch von hinten nach vorn lesen: Ist es nicht zufriedenstellend, wenn überhaupt etwas existiert, ein kostbares Etwas, ein weiter existierendes Etwas, von dem der Abschied schwerfällt? Von nichts könnte man sich spielend leicht verabschieden …

Extreme Situationen machen also nicht nur, dass der Mensch zu innerer Freiheit gelangt, sondern sie lassen ihn auch die innere Reife erlangen.

Nehmen wir wieder einmal einen Brief – den Brief einer Patientin vor, die an einer schweren Lungentuberkulose leidet und sich dessen bewusst ist, dass sie keinerlei Aussicht mehr auf Genesung hat, vielmehr allen Grund, an den Tod zu denken. Sie schreibt: »Wann war mein Leben reicher? Damals, als ich (sie war Buchhalterin) furchtbar nützlich war und vor lauter Pflichten nicht mehr zu mir selbst kam? Oder in diesen letzten Jahren geistiger Auseinandersetzung mit tausenderlei Problemen? Noch das Ringen um die Überwindung der Todesangst, die mich gepeinigt, gehetzt, gejagt hat, in unvorstellbarem Ausmaß – selbst dies scheint mir wertvoller gewesen zu sein, als ein ganzes Dutzend noch so schöner Bilanzen.«

»Reicher« war ihr Leben: dies ist ein Stichwort für uns. Denn Leiden heißt nicht nur leisten, wachsen und reifen, sondern auch reicher werden. Der Mensch, der, wie wir gesagt haben, leidend zu sich selbst heranreift, er reift der Wahrheit entgegen. Das Leiden hat nicht nur ethische Dignität – es hat auch metaphysische Relevanz. Das Leiden macht den Menschen hellsichtig und die Welt durchsichtig. Das Sein wird transparent hinein in eine metaphysische Dimensionalität.

Das Wissen darum findet seinen Ausdruck in einem Gedicht von Dehmel:

> Es ist ein Brunnen, der heißt Leid.
> D'raus fließt die laut're Seligkeit.
> Doch wer nur in den Brunnen schaut,
> dem graut.
> Er sieht im tiefen Brunnenschacht
> sein lichtes Bild, umrahmt von Nacht.
> O trinke! Dann zerfließt das Bild.
> Licht quillt.

»O trinke« – nimm das Leiden in dich auf! »Licht quillt« – das Sein wird durchsichtig: Der Mensch durchschaut es, es eröffnen sich ihm, dem Leidenden, Durchblicke auf den Grund. Vor den Abgrund gestellt, sieht der Mensch in die Tiefe, und wessen er auf dem Grunde des Abgrunds gewahr wird, das *ist die tragische Struktur des Daseins*. Was sich ihm erschließt, das ist: dass menschliches Sein zutiefst und zuletzt Passion ist – *dass es das Wesen des Menschen ist, ein leidender zu sein: Homo patiens*. Diese Enthüllung erfährt der leidende Mensch jenseits von gut und böse, von schön und hässlich, er erlebt sie unsentimental, ohne Sentiments und Ressentiments. Es widerfährt ihm ein einfaches, reines Schauen der Wahrheit. Er ist ihr einfach nahe, er wird ihrer einfach inne, er steht in der Wahrheit. Und zwar ohne Grollen und Bedauern. All dies ist längst überwunden, und längst ist er darüber hinaus.

Und die Wahrheit befreit ihn. Denn längst ist sie nicht mehr seine Wahrheit, sondern *die* Wahrheit, allgemeine, allen gemeinsame Wahrheit:

Du musst dein Leid nicht in dich selbst
verschränken,
kannst es ins allgemeine Leid versenken

– wie es im ersten der (von Mahler vertonten) *Kindertotenlieder* von Rückert heißt.

KOMMENTAR

Es ist keineswegs so, dass Frankl das Leid nivellierte oder gar idealisierte. Mit wehenden Fahnen trat er dafür ein, es zu verhindern und zu verringern, wo nur möglich. Allerdings räumte er mit der Illusion auf, man könne sich jedwedes Leid ersparen, etwa durch Vorsorge, mithilfe von Geld, Beziehungen et cetera Leid ist kein »Betriebsunfall«, sondern gehört zum ganz normalen Leben dazu.

ZUM RELIGIÖSEN LEBEN UND ERLEBEN

Religiosität ist unableitbar

Der Reduktionismus ist nicht einmal dort im Recht, wo er sich auf eine genetische und analytische Interpretation nicht von menschlichen Leistungen, sondern von Störungen dieser Leistungen beschränkt, dort beispielsweise, wo der Glaubensverlust eines Menschen auf dessen Erziehung und Umgebung zurückgeführt wird. Immer wieder wird etwa behauptet, es sei der Einfluss der Vaterimago, dem im konkreten Falle die Verzerrung des Gottesbilds und so denn auch die Verleugnung Gottes zuzuschreiben ist.

Meine Mitarbeiter nahmen sich die Mühe, einer auslesefreien Serie des innerhalb vierundzwanzig Stunden anfallenden Krankenguts hinsichtlich der Korrelationen nachzugehen, die sich zwischen Vaterimago und religiösem Leben aufhellen lassen. Im Laufe ihrer statistischen Untersuchung stellte sich heraus, dass dreiundzwanzig Personen eine mit durchaus positiven Zügen ausgestattete Vaterimago besaßen, während dreizehn nichts Günstiges auszusagen wussten. Und merkwürdig: von den dreiundzwanzig unter einem guten pädagogischen Stern Aufgewachsenen fanden später nur sechzehn zu einem ebenso guten Verhältnis zu Gott, während sieben ihren Glauben aufgaben; unter den dreizehn aber, die unter den Auspizien einer negativen Vaterimago aufgezogen worden waren, fanden sich nur zwei, die als irreligiös qualifiziert werden konnten, während sich nicht weniger als elf zu einem gläubigen Leben durchgerungen hatten. Es rekrutierten sich also die siebenundzwanzig in ihrem späteren Leben Religiösen keineswegs nur aus den Kreisen jener Leute, die in einem förderlichen Milieu aufgewachsen waren, wie denn auch umgekehrt die neun irreligiös Gewordenen ihre Irreligiosität nicht etwa nur einer negativen Vaterimago zu verdanken hatten. Selbst wenn wir in den Fällen, den denen eine Korrelation zwischen Vaterimago und Gottesbild vorlag, ein Ergebnis der Erziehung zu sehen vermöchten, würden wir demgegenüber die Wirkung einer Entscheidung anzunehmen haben in den Fällen, in denen Vaterimago und Gottesbild *nicht* kongruent waren. Der entscheidungsmächtige Mensch ist eben imstande, den Scheindeterminanten seines Verhaltens auch zu trotzen. Und es ist nicht zuletzt eine Aufgabe der Psychotherapie, dieses Freisein gegenüber den scheinbar allmächtigen Bedingungen zu evozieren.

Vaterbild und Gottesbild müssen also nicht identisch sein. Dennoch ist bei Gottesbildern Zurückhaltung angebracht, denn allzu unbedachtsam projizieren wir menschliche Züge nach »oben«: Gott will …, Gott verbietet …, Gott straft … und so weiter. Unvorstellbares kann man sich eben nicht vorstellen, weshalb Frankl empfahl, lieber *zu* Gott zu sprechen, als *von* Gott zu sprechen.

Das Menschlichste: die Scham

Dass all die Sachlichkeit, mit der der Mediziner an sein Objekt – nämlich das menschliche Subjekt – herantritt, eine totale Versachlichung der menschlichen Person mit sich brachte, leuchtet von selbst ein. Am klarsten wird dies etwa bei einer wissenschaftlichen Erscheinung wie dem Behaviorismus: Er hat es total zustande gebracht, die menschliche Person – ihrem Wesen nach doch konstituiert durch ein freies (geistiges) Sichverhalten zu einem (leiblichen oder seelischen) Sachverhalt – selber zu einem bloßen Sachverhalt zu machen.

Aber die menschliche Person hat ihre Waffen und setzt sich zur Wehr gegen den Versuch einer vollendeten Versachlichung, Verdinglichung, Objektivierung, sowie gegen die Entwertung, die ihr damit widerführe – gegen die Entwürdigung des Menschen. Und diese Waffe ist die Scham. Mit ihr wehrt sich der Mensch gegen das totale

Objektwerden, gegen die volle Preisgabe und Auslieferung seines Innersten an den objektivierenden naturwissenschaftlichen Blick. Glaube keiner, dass bei diesem Innersten, diesem Intimen, das die menschliche Person dem kalten nüchternen Auge verwehrt, dass es dabei nur um »Intimitäten« im herkömmlichen sexuellen Sinne gehe, die also etwa speziell dem psychoanalytischen Zugriff entzogen werden sollen; o nein, auch das intime religiöse Erleben widersetzt sich der unberufenen Bloßlegung oder gar Schaustellung. Und ich kenne eine Patientin, die in der Psychotherapie ohne die geringsten Hemmungen jedes sexuelle Abenteuer im Detail zur Sprache brachte; während sie die größten Hemmungen und ich als Arzt die größten Schwierigkeiten hatte, als es galt, sie zur Besprechung ihres innersten religiösen Erlebens zu bewegen.

Der Arzt darf eben nie vergessen, was Nietzsche einmal gesagt hat: »Das Menschlichste ist, jemandem Scham ersparen.«

KOMMENTAR

Das Wort »Scham« hat eine Doppelbedeutung. Es kann im Zusammenhang mit einer Schuld, einem Vergehen stehen, dessen man sich schämt. Es kann aber auch die Konfiguration eines Schutzschildes sein, unter dem man höchst persönliche, intime Gedanken und Gefühle verbirgt, die der öffentlichen Begaffung und Belächelung nicht ausgesetzt werden sollen.

Erkrankte Religiosität

Nehmen wir folgendes Beispiel eines Patienten mit schwerer Zwangsneurose, die seit Jahrzehnten bestand und auch mehrfachen, langdauernden psychoanalytischen Behandlungsversuchen trotzte: Im Mittelpunkt seiner zwangsneurotischen Befürchtungen stand die Phobie, diese oder jene seiner Handlungen könnte dazu führen, dass seine verstorbene Mutter oder Schwester »verdammt« würde. Aus diesem Grunde ließ sich unser Patient beispielsweise nicht in den Staatsdienst aufnehmen – er hätte einen Diensteid schwören müssen, diesen Eid jedoch irgendeinmal, wenn auch in noch so geringfügiger Weise, vielleicht durchbrechen können; und dann, so meinte er, wären Mutter und Schwester verdammt worden. Auch der Ehe war unser Patient ausgewichen – nur deshalb, weil er bei der Hochzeit sein Jawort hätte geben müssen, es aber irgendeinmal vielleicht durchbrochen hätte und auch dies die Verdammung seiner verstorbenen Angehörigen hätte herbeiführen können. Und unlängst, so erzählte er, hätte er einen Radioapparat nur deswegen nicht gekauft, weil ihm in diesem Augenblick der Zwangsgedanke durch den Kopf gegangen sei: wenn er ein bestimmtes technisches Detail nicht sofort erfasse, dann würden Mutter und Schwester im Jenseits verdammt.

Angesichts einer solchen Fülle wenn auch verbogener, so doch religiöser Vorstellungselemente fragten wir unseren Patienten nun nach seiner Einstellung zu religiösen Fragen: Da hörten wir nun, dass er sich entschieden als »Freigeist« deklarierte; er sei »Haeckel-Anhänger«. Und dies alles brachte er vor, nicht ohne stolz zu betonen, wie weit er es in seinem Verständnis der modernen Physik gebracht habe; die Elektronentheorie beispielsweise beherrsche er vollkommen. Auf die Frage, ob er sich in religiösen Dingen überhaupt auskenne, gab er zu, davon wohl zu wissen; aber er »kenne das Gebetbuch etwa so, wie der Verbrecher das Gesetzbuch«: er kenne es, ohne sich auch nur irgendwie dazu zu bekennen. Ob er also ungläubig sei?, fragten wir ihn und erhielten zur Antwort: »Wer kann das von sich sagen? Mit der Vernunft bin ich gewiss ungläubig; aber mit dem Gefühl glaube ich vielleicht dennoch. Mit der Vernunft glaube ich jedenfalls an nichts als eine naturgesetzliche Bestimmung – nicht aber etwa an einen Gott, der lohnt und straft.« Und siehe: Derselbe Mensch, der diese Worte gesprochen, hatte kurz zuvor, im Zusammenhang mit der Schilderung einer Potenzstörung, gemeint: »Ich hatte im betreffenden Augenblick die Zwangsvorstellung, Gott könnte sich an mir rächen.« Wenn Freud sagt: »Die Religion ist die allgemein menschliche Zwangsneurose; wie die des Kindes stammt sie aus dem Ödipuskomplex, der Vaterbeziehung« – so sind wir, angesichts des soeben dargestellten Falles, wohl nahe daran, den Satz umzukehren und eher die Behauptung zu wagen: Die Zwangsneurose ist die seelisch erkrankte Religiosität.

KOMMENTAR

In welchen Widersprüchen hatte sich der Patient doch verstrickt! Angst vor Verdammnis, Angst vor Rache – und »niemand«, der Verdammnis und rächendes Unheil über Menschenkinder verhängen könnte? Natürlich glaubte der Patient an Gott, einen falschen, verzerrten, bösen Gott, an den zu glauben er sich weigerte, und von dessen Bild er sich dennoch nicht frei zu strampeln vermochte!

Auf Vollendung verwiesen sein

Ich sah überzeugte Atheisten sterben, die es zeitlebens glattweg perhorresziert hätten, an »ein höheres Wesen« oder dergleichen, an einen in einer dimensionalen Bedeutung höheren Sinn des Lebens zu glauben; aber auf ihren Totenbetten haben sie, was sie in Jahrzehnten niemandem vorzuleben imstande gewesen waren, »in der Stunde ihres Absterbens« dessen Zeugen vorgestorben: eine Geborgenheit, die nicht nur ihrer Weltanschauung Hohn spricht, sondern auch nicht mehr intellektualisiert und rationalisiert werden kann. *De profundis* bricht etwas auf, ringt sich etwas durch, tritt zutage ein restloses Vertrauen, das nicht weiß, wem es entgegengebracht wird noch worauf es vertraut, und das doch dem Wissen um die infauste Prognose trotzt. In die gleiche Kerbe schlägt Walter v. Baeyer, wenn er schreibt: »Wir halten uns an Beobachtungen und Gedanken, die Plügge ausgesprochen hat. Objektiv betrachtet ist keine Hoffnung mehr da. Der Kranke, der bei klaren Sinnen ist, müsste selbst gemerkt haben, dass er aufgegeben ist. Aber immer noch hofft er, hofft bis zum Ende. Worauf? Die Hoffnung solcher Kranken, die vordergründig eine illusionäre, auf Heilung in dieser Welt gerichtete sein kann und nur im verborgenen Grunde ihren transzendenten Sinngehalt ahnen lässt, muss im Menschsein verankert liegen, das nie ohne Hoffnung sein kann, vorausweisen auf eine künftige Vollendung, die zu glauben dem Menschen auch ohne Dogma angemessen und natürlich ist.«* Wenn die Psychotherapie das Phänomen der Gläubigkeit nicht als ein Glauben an Gott, sondern als den umfassenderen Sinnglauben auffasst, dann ist es durchaus legitim, wenn sie sich mit dem Phänomen des Glaubens befasst und beschäftigt. Sie hält es dann eben mit Albert Einstein, für den die Frage nach dem Sinn des Lebens stellen religiös sein heißt.

---

* Walter v. Baeyer, »Psychologie am Krankenbett«, *Gesundheitsfürsorge – Gesundheitspolitik* 7/1958, S. 197.

Die Geister scheiden sich, sobald man Sinn nicht als »subjektiv« und »willkürlich erfunden«, sondern als »transsubjektiv« und »lediglich findbar« definiert. Wenn der Mensch nicht »Macher von Sinn« ist – wer dann? Plötzlich ist Demut und Bescheidenheit angesagt, und die Sinnfrage, aufs Letzte und alles umfassende Ganze gestellt, generiert zur religiösen Frage.

Die ureigene Sprache

Eines Tages wurde ich von einer Reporterin des amerikanischen *Time*-Magazins interviewt. Ihre Frage war, ob der Trend von der Religion wegführt. Ich sagte, der Trend führe nicht von der Religion weg, sehr wohl aber von jenen Konfessionen, die anscheinend nichts anderes zu tun haben, als gegeneinander zu kämpfen und sich gegenseitig die Gläubigen abspenstig zu machen. Nun fragte mich die Reporterin, ob dies heißt, dass es früher oder später zu einer universalen Religion kommen wird, was ich aber verneinte: Im Gegenteil, sagte ich, wir gehen nicht auf eine universale, vielmehr auf eine personale – eine zutiefst personalisierte Religiosität zu, eine Religiosität, aus der heraus jeder zu seiner persönlichen, seiner eigenen, seiner ureigensten Sprache finden wird, wenn er sich an Gott wendet.

Dies bedeutet selbstverständlich noch lange nicht, dass es keine gemeinsamen Rituale und Symbole geben wird. Gibt es doch auch eine Vielzahl von Sprachen – und doch: Gibt es nicht für viele unter ihnen ein gemeinsames Alphabet? So oder so, in ihrer Verschiedenheit gleichen die verschiedenen Religionen verschiedenen Sprachen: Niemand kann sagen, dass seine Sprache den anderen Sprachen überlegen ist – in jeder Sprache kann der Mensch an die Wahrheit herankommen – an die eine Wahrheit, und in jeder Sprache kann er irren, ja lügen. So kann er denn auch durch das Medium jeder Religion hindurch zu Gott finden – zu dem einen Gott.

Augustine Meier konnte mit Hilfe von Tests und Statistiken feststellen, dass Sinnfindung möglich ist unabhängig vom jeweiligen Alter und Bildungsgrad und vom männlichen beziehungsweise weiblichen Geschlecht, aber auch davon, ob jemand religiös beziehungsweise irreligiös ist, und, wenn er sich zur Religion bekennt, unabhängig von der Konfession, zu der er sich bekennt.* Dies stimmt überein mit Forschungsergebnissen von Leonard Murphy, die ebenfalls auf Tests und Statistiken basierten: »People who had chosen God and another person as their life objective did not differ significantly in their scores on the Purpose in Life Test.

---

* Angelika Meier, »Frankl's ›Will to Meaning‹ as Measured by the Purpose in Life Test in Relation to Age and Sex Differences«, Dissertation, University of Ottawa, 1973.

Both groups found equal meaning for their lives.«* Nicht hinsichtlich des Glaubens beziehungsweise Unglaubens, sondern hinsichtlich des konfessionellen Glaubensbekenntnisses jedoch lautet die Zusammenfassung von Meier folgendermaßen: »The inability to find evidence to show that subjects differ on the Purpose in Life Test scores on the basis of religious differences gives support to Frankl's idea that God, as experienced by different religious affiliations, can give equal meaning to subjects.«

KOMMENTAR

Der Vergleich der verschiedenen Konfessionen mit den verschiedenen Sprachen ist ein beeindruckendes Gleichnis. Es könnte dazu beitragen, die ständig kriselnden und wieder aufflackernden Animositäten zwischen Religionsvertretern abzubauen und stattdessen dazu inspirieren, sich um »Übersetzungslogarithmen« zu bemühen, um das gegenseitige Verständnis füreinander zu intensivieren.

* Leonard Murphy, »Extent of Purpose-in-Life and Four Frankl-proposed Life Objectives«, Dissertation, University of Ottawa, 1967.

VERDEUTLICHUNG DURCH BILDER UND SYMBOLE

Die Transsubjektivität von Sinn

Niemand leugnet, dass der Mensch einen Sinn unter Umständen nicht verstehen kann, sondern deuten muss.* Das heißt noch lange nicht, dass solches Deuten willkürlich vor sich geht. Besitzt der Mensch die Freiheit zu irgendeiner Deutung – trägt er nicht die Verantwortung für die richtige Deutung? Gibt es doch auch auf jede Frage nur eine Antwort, nämlich die richtige, für jedes Problem nur eine Lösung, nämlich die gültige, und in jedem Leben, in jeder Lebenslage nur einen Sinn, nämlich den wahren. Einer Rorschach-Tafel wird ein Sinn gegeben – eine Sinngebung, auf Grund deren Subjektivität sich das Subjekt des (projektiven) Rorschach-Tests »entlarvt«; aber im Leben geht es nicht um Sinngebung, sondern um Sinnfindung, nicht um Gebung eines, sondern Findung des Sinnes (Findung, sagen wir, und nicht Erfindung; *denn der Sinn des Lebens kann nicht erfunden, sondern muss entdeckt werden*).

---

* »Psychological Models for Guidance«, *Harvard Educational Review* 32, 373, 1962.

Die folgende Episode möge nun erhellen, inwiefern trotz aller Subjektivität, die einer Deutung anhaftet, dem von ihr intendierten Sinn ein Minimum von Transsubjektivität zukommt: Eines Tages wurde ich in den USA im Rahmen einer Diskussion nach einem meiner Vorträge mit einer schriftlich unterbreiteten Frage konfrontiert, die folgendermaßen lautete: »Wie wird in Ihrer Theorie 600 definiert?« Kaum hatte der Diskussionsleiter diesen Text durchgesehen, wollte er den Zettel, auf dem die Frage stand, auch schon beiseite legen, indem er, zu mir gewandt, bemerkte: »Unsinn – ›wie wird in Ihrer Theorie 600 definiert‹ ...« Woraufhin ich den Zettel zur Hand nahm, ihn überflog und feststellte, dass sich der Diskussionsleiter – nebenbei bemerkt: von Beruf ein Theologe – geirrt hatte; denn die Frage war in Blockbuchstaben abgefasst worden, und im englischen Original war »GOD« von »600« mit knapper Müh und Not zu unterscheiden. Durch diese Zweideutigkeit kam es zu einem unfreiwilligen projektiven Test, dessen Ergebnisse im Falle des Theologen und dem meiner selbst als eines Psychiaters immerhin paradox ausfielen. Jedenfalls ließ ich es mir nicht nehmen, im Rahmen meiner Vorlesungen an der Universität Wien die Hörer aus den USA mit dem englischen Originaltext zu konfrontieren, und es stellte sich heraus, dass neun Studenten »600« hinein- – und neun »GOD« herauslasen, während vier zwischen diesen Deutungen schwankten. Worauf ich hinauskommen möchte, ist jedoch das Faktum, dass diese Deutungen nicht gleichwertig waren, vielmehr einzig und allein eine von ihnen verlangt und gefordert war: Gemeint hatte der Urheber der Frage einzig und allein »Gott«, und verstanden hatte die Frage einzig und allein, wer »Gott« heraus- (und eben nichts hinein-) gelesen hatte! Und mag der Mensch auch noch sosehr auf sein Gewissen angewiesen sein, was den Sinn einer konkreten Situation anlangt, und mag er auch noch sosehr im Ungewissen sein (und bis zum letzten Atemzug bleiben), ob sein Gewissen in der konkreten Situation irrt, wie fakultativ alles menschliche, oder nicht irrt, er muss das Risiko solchen Irrens auf sich nehmen und sich zu seiner Menschlichkeit, zu seiner Endlichkeit bekennen. (Wie sagt doch Gordon W. Allport: »We can be at one and the same time half-sure and whole-hearted«).

KOMMENTAR

Ich denke, dass es ein guter Tipp ist, alles von uns Entschiedene »halb sicher, aber mit ganzem Herzen« auszuführen. Das »halb sicher« schützt uns vor Selbstüberheblichkeit und Übermut. Das »mit ganzem Herzen« motiviert uns zu vollem Engagement in der Sache. Und sollten wir uns einmal geirrt haben, können wir dies mit neuen Entscheidungen korrigieren.

Die Theodizeefrage

Ein letztes Problem: das Problem der Theodizee. Welch ein Anthropomorphismus ist doch die bloße Fragestellung der Theodizee! Während sich die Frage einer Pathodizee darauf beschränkt, zu fragen, welchen Sinn das Leiden habe, stellt die Theodizee die Frage, welchen Grund Gott gehabt habe, das Leiden und das Übel zuzulassen. Aber steckt nicht im Ausdruck »zulassen« die Insinuation eines Kompromisses, den der Schöpfer mit seiner Schöpfung zu schließen gezwungen war? Es heißt beispielsweise: Das Übel dient zur Kontrastwirkung; wenn der Mensch nicht leiden müsste, dann könnte er sich auch nicht freuen … als ob Gott nicht imstande gewesen wäre, eine Schöpfung zu schaffen, die auch ohne Kontrastwirkung ausgekommen wäre, eine Schöpfung, in der es solcher Kontrastwirkung gar nicht erst bedurft hätte. Oder es heißt: Der Mensch wird durch das Leiden geläutert … als ob Gott nicht auch Menschen hätte schaffen können, die des Leidens gar nicht bedurft hätten, um lauter zu sein, oder des Schadens, um klug zu werden. Solche Antworten auf die Theodizeefrage sind nichts anderes als ein einziger großer Anthropomorphismus. Mit der Kontrastwirkung, mit der Läuterung kommen, heißt menschliche Maßstäbe anlegen an die Motivation des Schöpfers.

Wir wissen keine bessere Antwort auf die Theodizeefrage als jene Antwort, die sich in einem Witz spiegelt: In der Schule spricht der Religionslehrer von der Wundertätigkeit Gottes und erzählt: »Es war einmal ein armer Mann; seine Frau starb im Wochenbett, und er selbst hatte nun nicht das Geld, um sich eine Amme zu leisten. Da tat Gott ein Wunder und ließ diesem armen Mann Brüste wachsen, so dass er den Säugling nunmehr selber stillen konnte.« Woraufhin sich der kleine Moritz meldet: »Offen gesagt, Herr Lehrer, versteh' ich das nicht ganz. Wäre es denn nicht einfacher gewesen, wenn Gott es so gefügt hätte, dass dieser arme Mann – scheinbar zufällig – auf der Straße Geld findet: dann hätte er sich eine Amme leisten können – und Gott hätte kein Wunder zu tun brauchen.« Daraufhin der Lehrer: »Du dummer Bub! Wenn Gott ein Wunder tun kann, wird er doch kein Bargeld ausgeben!«

Warum lachen wir über diesen Witz? Weil die Pointe zeigt, wohin es führt, wenn man an die Motive Gottes menschliche Maßstäbe anlegt – wenn man versucht, jene Beweggründe nachzuvollziehen, aus denen Gott Brüste wachsen ließ, und hierbei die Kategorien eines Geschäftsmanns anzuwenden – oder, mit andern Worten: aus der Businessmentalität heraus Gottes Gedanken nachzudenken.

Wir sehen: Von der Immanenz her ist der Mensch nicht zu verstehen; versucht man es, so landet man in einem Anthropozentrismus. Aber auch von der Transzendenz her ist der Mensch – und was uns in diesem Zusammenhang im Besonderen angeht: das Leiden des Menschen nicht zu deuten, ohne dass wir in einen Anthropomorphismus hineinschlittern. Wir können nur glauben, dass alles sinnvoll ist, Übersinn hat; aber welchen Sinn es hat, in welchem Sinn es übersinnvoll ist, in welche Richtung wir das Leiden jeweils zu deuten haben – dies alles können wir nicht wissen.

Angesichts der Aporie jeder Theodizee ist die dem Menschen einzig angemessene Haltung die des Hiob, der mit Gott gehadert hat, dem Gott dann ein paar Dutzend Fragen gestellt hat und der dann die Hand auf den Mund gelegt hat, um zu schweigen im vorweggenommenen sokratischen Wissen darum, dass er nichts weiß.

KOMMENTAR

Bei dem Gedanken, dass Leiden sinnvoll sein soll, sträuben sich uns die Haare. Aber sie können sich durchaus auch sträuben bei dem Gedanken an einen durchschaubaren Gott, dessen Beweggründe nachzuvollziehen wären. Warum fällt es uns so schwer, die Grenzen unseres Begreifens zu akzeptieren? Weil wir gewohnt sind, sie hinauszuschieben – aber irgendwo ist damit Schluss!

Den Himmel sehen wir nicht

Um auf das Symbol zu sprechen zu kommen: Die Kluft, um nicht zu sagen der Abgrund, zwischen dem jeweils Symbolisierenden und dem jeweils zu Symbolisierenden macht sich am schmerzlichsten bemerkbar, wenn es um das Über-Sein geht. Und doch wäre es nicht gerechtfertigt, sich des Symbolisierens zu enthalten, darauf zu verzichten, nur weil das Symbol nie und nimmer koinzidieren kann mit dem von ihm Repräsentierten. Denken wir doch nur an ein Gemälde, das eine Landschaft abbildet, über ihr den Himmel: Jeder Maler, zumindest jeder dem Realismus zugeneigte, wird uns den Himmel »sehen lassen«, indem er einfach ein paar Wolken malt; aber sind denn die Wolken nicht gerade etwas, das nichts weniger als identisch ist mit dem Himmel? Ist es denn nicht so, dass Wolken etwas sind, das – mögen sie uns auch noch sosehr den Himmel sozusagen ahnen lassen – ihn dem (direkten) Anblick entzieht? Und dennoch werden sie als bestes und einfachstes Symbol für den Himmel verwendet.

Und so wird denn im Allgemeinen auch das Göttliche symbolisiert mit Hilfe von etwas, das es *nicht* ist: Die göttlichen Attribute sind und bleiben bloß menschliche Eigenschaften – wo nicht gar allzu menschliche Eigenschaften. Gott bleibt es nicht erspart, auf eine mehr oder weniger anthropomorphe Art und Weise symbolisiert zu werden. Sollten wir daraufhin das Recht haben, alles Religiöse aufgrund all der anthropomorphen Zutaten in Bausch und Bogen zu verwerfen? Ist es nicht vielmehr so, dass die (sowieso asymptotische) Annäherung an das Geheimnis und Rätsel der letzten Wahrheit eher auf dem symbolischen Wege als auf einem bloß abstrakten etwas hergibt? Konrad Lorenz war es, der im Rahmen eines Fernseh-Interviews wörtlich sagte: »Wenn Sie global den Wahrheitsgehalt einer Weltanschauung betrachten, den Wahrheitsgehalt der Hinterhuberbäuerin in Grünau und den Wahrheitsgehalt der Weltanschauung von B. F. Skinner, so kommen Sie drauf, dass die Bäuerin, die an die unbefleckte Empfängnis Mariens und an den lieben Gott und alle Heiligen glaubt, der Wahrheit näher ist als der Behaviorist.*

KOMMENTAR

Symbole und Metaphern werden meistens dort verwendet, wo eine sprachliche Erläuterung zu kompliziert oder ungenügend wäre, um einen Tatbestand darzulegen. Insbesondere Dichter und Künstler bedienen sich virtuos der Symbolik, um gewisse Stimmungen oder Einsichten hervorzurufen. Bei all dem ist es jedoch tabu, die Symbole mit dem von ihnen Gemeinten zu verwechseln.

---

* Konrad Lorenz/Franz Kreuzer, *Leben ist Lernen. Von Immanuel Kant zu Konrad Lorenz. Ein Gespräch über das Lebenswerk des Nobelpreisträgers*, München 1981.

Das Dasein ist bodenlos

Der religiös Überzeugte wird jenen Metaphysiker, der – eben im alten Sinne des ontischen Beweisens und Schließens – dem Sein »auf den Grund« zu kommen versucht, eigentlich gar nicht verstehen können. Denn dass dieses metaphysische Beginnen mit ontischen Mitteln von vornherein zum Scheitern verurteilt ist, ergibt sich aus folgendem Gleichnis:

Wenn man die Tiefe des Meeresbodens an irgendeiner Stelle des Ozeans bestimmen will, dann pflegt man eine sogenannte Echolotung vorzunehmen. Sie ist nichts anderes als die Urform des Radar-Prinzips. Es werden Schallwellen gegen den Meeresboden hin ausgesandt und die Zeit gemessen, die bis zum Eintreffen eines Echos verstreicht. Nun: die Metaphysiker wollen, wie gesagt, dem Dasein ebenfalls »auf den Grund kommen«. Aber das Dasein ist bodenlos. Und all unser Fragen nach dem letzten Seinsgrund, gerade nach ihm, findet keinen Widerhall im grenzenlosen Ozean des Seins. Aber es kommt alles darauf an, diesen Tatbestand richtig zu deuten und sich zu fragen: Was wäre das denn für ein Absolutes, das so ohne weiteres uns Rede und Antwort stünde? Und was wäre das für eine merkwürdige Unendlichkeit, an deren endlichen Grundmauern sich die Stimme brechen sollte, mit der unsere letzten Fragen hinausgesandt werden in den unendlichen Seinsraum? Wir wissen: vom unendlich fernen, unendlich tiefen Grund des Seins her wird uns nur dann keine Antwort zuteil, wenn wir unsere Fragen – richtig adressiert haben. Denn dann bleiben wir gerade deshalb ohne Antwort, weil unsere Fragen – das Unendliche erreicht haben.

Das Absolute bleibt also als solches in der Transzendenz. Es ist nicht »gegeben« – zumindest nicht als ein Gefundenes. Aber es ist gegeben als ein Gesuchtes. Immerhin. Gegeben demnach nie in seiner Washeit; aber gegeben in seiner Dassheit. Es wird sich sonach nie darum handeln können, dass wir das Absolute als eine ontische Wirklichkeit auf logischem Wege finden. Aber mag es sich hierbei auch nicht um das Finden einer Wirklichkeit handeln – gibt es da nicht trotzdem so etwas wie die Wahrhaftigkeit des Suchens? In diesem Sinne aber ließe sich beinahe behaupten: Es gibt nur eine einzige, die große »Glaubenswahrheit«: die Wahrhaftigkeit des Glaubens – die Wahrhaftigkeit, in der ein Glaube vollzogen wird, in der er als Leben gelebt wird.

KOMMENTAR

Ein kluges Wort lautet: »Werte können wir nicht lehren, Werte können wir nur leben«. Analog ist es mit unserem Glauben. Er vollzieht sich nicht in Beschreibungen, Bekenntnissen et cetera, sondern ist im Grunde nur lebbar. Was wir Menschen *sagen,* kann positiv klingen, aber wir werden gemessen werden an dem, was wir *tun*. Behalten wir deswegen unsere Ideale – und leben wir sie auch!

NACHWORT

Im Jahr 1949, nur wenige Jahre nach der Befreiung aus dem letzten Konzentrationslager, in dem Viktor E. Frankl während des Zweiten Weltkriegs interniert gewesen war, erschien ein Buch aus seiner Feder mit dem Titel *Der unbedingte Mensch*.

»Ein merkwürdiger Titel«, mögen die ersten Käufer dieses Buches im zerbombten Wien und insbesondere die Freunde und Bekannten Frankls gedacht haben. »Hat dieser Mann die klägliche Bedingtheit und Abhängigkeit des Menschen von inneren und äußeren Strukturen nicht bis an den Rand des Todes ausgekostet? Ist er nicht gemeinsam mit Millionen anderen eine endlos scheinende Zeitlang völlig ausgeliefert gewesen, sei es psychopathischen Machthabern, sei es dem antisemitischen Terror einer verirrten Epoche, sei es auch eigenen Hungerfantasien aus seiner Unterernährung oder der Verzweiflung über den Verlust fast sämtlicher Angehöriger? Wie kann er angesichts solch extremer Lebenserfahrungen in Richtung ›Ohnmacht‹ das Bild eines ›unbedingten Menschen‹ skizzieren?«

Ja, selbst diejenigen Buchkäufer, die nichts von der persönlichen Leidensgeschichte des Autors wussten und lediglich seine Berufsbezeichnung

»Psychiater und Neurologe« auf dem Umschlag des Buches lasen, mögen sich im Stillen gewundert haben, dass ein Arzt, der ständig mit der Schwäche und Anfälligkeit des Menschen aufs Engste zu tun hat, ein derartiges Bekenntnis ablegt, wie es sich in der Formulierung dieses Buchtitels spiegelt. Denn daran ist nicht zu rütteln: Der Glaube an den »unbedingten Menschen« *ist* ein Bekenntnis.

Wenn nun die Käufer später zu Hause das neu erstandene Buch aufschlugen – und im Wien von 1949 war ein Buch ein kostbarer Luxusgegenstand, reserviert für die seltenen Mußestunden im täglichen Kampf um eine Renormalisierung des Lebens –, stießen sie zu Beginn auf ein Vorwort. Dieses war und ist bis heute mehr als eine gedankliche Einleitung in die Thematik. Es ist eine Erklärung des gewagten Titels und gleichzeitig eine Erklärung des Menschseins schlechthin. Eine »Liebeserklärung« an den Menschen, der existentiell als umfassendere Entität und von höherwertigerer Identität erschaut wird, als alle irdischen Bedingungen zusammen aus ihm formen können. Der »Kenner der Ohnmacht« stellt sich darin als »Zeuge der Trotzmacht des Geistes« zur Verfügung. Er, der körperliches und seelisches Elend bis über das Ausmaß des Vorstellbaren hinaus zu beobachten Gelegenheit gehabt hat, bürgt für die würdevollen Ressourcen der geistigen Person in ihren – teilweise letzten – Freiräumen.

Seither sind Jahrzehnte vergangen, Frankl ist gestorben, und die Welt hat sich gewandelt. Doch sie hat sich nicht in einer Weise gewandelt, die körperliches und seelisches Elend reduziert hätte. Im Gegenteil, es sind neue Bedrohungen von Gesundheit und Wohlergehen aufgetaucht, an die die »Erben des Wirtschaftswunders«, das in Europa an die Nachkriegszeit anschloss, nie gedacht hätten. Sie fürchteten damals zwar das Damoklesschwert eines internationalen Atomkrieges, das über ihren Häuptern schwebte (und heute wiederum über uns schwebt), aber von Pandemien, Klimakatastrophen oder Flüchtlingsströmen ahnten sie nichts. Dass sich nicht allzu fern jenseits der Jahrhundertwende wieder so etwas Ähnliches wie ein »Kampf um die Renormalisierung des Lebens« abspielen werde, entzog sich ihrer Visionskraft. Tatsächlich sind wir heute nicht weniger als unsere Altvordern mit der Frage konfrontiert, wie sehr wir misslichen Bedingungen unterliegen, und ob wir noch eine Chance haben, trotz allem ein lebenswertes Leben kreativ zu gestalten beziehungsweise unseren Kindern eine lebenswerte Zukunft zu erretten. Um diese Frage zu beantworten, lohnt es sich, in den Schriften Frankls nachzublättern, denn viele Erkenntnisse, die darin stecken, sind von zeitloser Gültigkeit, ja, aktueller denn je. Ich möchte nur einige wenige davon andeuten.

Was macht den Menschen zum Menschen?

Frankl hat sich bemüht, das »spezifisch Humane« aus der Komplexität des menschlichen Wesens herauszufiltern und ins allgemeine Bewusstsein zu heben. Er nannte es »die geistige (oder »noetische«) Dimension« und war davon überzeugt, dass ihr Entscheidungsfreiheit, Sensibilität für Sinn und Werte und Verantwortlichkeit im Handeln entspringen. Seiner Auffassung nach sind es nicht die Rationalität und Intellektualität, die den Menschen besonders kennzeichnen (wenn auch vor anderen Lebewesen auszeichnen), sondern eben jene »Freiheit des Willens« und jener »Wille zum Sinn«, die, zumindest potentiell, menschliche Existenz charakterisieren. Auf dieser gedanklichen Basis hat Frankl seine gesamten psychotherapeutischen Strategien aufgebaut.

Wie aktuell seine Überlegungen sind, zeigt unter anderem eine Stellungnahme des deutschen Ethikrates aus dem Jahr 2021 bezüglich des Einsatzes von Robotern in der Pflege. Darin wird festgehalten, dass zwischen Menschen und Maschinen ein kategorialer Unterschied besteht, wenngleich Robotern irgendwann Denkvermögen und mentale Zustände zugeschrieben werden können. Als Subjekte von moralischen Handlungen und damit als Träger von Verantwortung kommen jedoch nur Personen in Betracht. Roboter verfügen nicht über die für moralische Autonomie maßgebliche Kompetenz zur verantwortlichen Zweck- und Zielsetzung. Mit einem Wort:

Es fehlen ihnen die »Freiheit des Willens« (sie sind programmiert) und »der Wille zum Sinn« (sie sind für beliebige Zwecke, sinnvolle oder nicht sinnvolle Ziele, programmierbar).

Worin besteht die menschliche Kreativität?

Zur geistigen Dimension zählte Frankl auch das schöpferische Potential des Menschen. Sehen wir uns dieses genauer an.

»Schöpfung« auf menschlicher Ebene bedeutet stets, etwas Neues zu schaffen – allerdings aus Altem, das heißt aus vorgefundenem Material. Ein Maler malt ein Bild aus Leinwand und Farben, ein Baumeister baut eine Villa aus Steinen und Holz, et cetera. Es herrscht die uralte Idee vor, dass nur ein Schöpfergott etwas aus dem Nichts schaffen könnte. Demgegenüber hat Frankl nachgewiesen, dass – aus gewisser Perspektive betrachtet – ein Funke dieser »göttlichen Schöpfungskraft« im Menschen wohnt. Und zwar, weil der Mensch dank seiner geistigen Freiheit in jedem (bewussten) Augenblick zwischen verschiedenen Möglichkeiten wählen kann. Diese Möglichkeiten drängen wie in einem »horror vacui«, einer »Angst vor dem Nichts«, an ihn heran, schrieb Frankl, denn wenn eine Möglichkeit nicht ergriffen wird, verfällt sie dem Nichts. Ein Beispiel: Jemand hat die Möglichkeit, einen aufgeregten Freund anzuhören, zu trösten, zu beschimpfen, zu ignorieren, und so weiter.

Entschließt er sich für eine Variante davon, etwa fürs Ignorieren, vergeht der Moment und kehrt nicht wieder. Die Möglichkeit zu trösten ist dahin. Vielleicht kann sie zu einem späteren Zeitpunkt nachgeholt werden – vielleicht auch nicht. Denn vielleicht sieht er seinen Freund nie wieder, und die unergriffenen Möglichkeiten sind allesamt »zu nichts geworden«.

Im Unterschied dazu hört die ergriffene Möglichkeit auf, eine bloße Möglichkeit zu sein, und verwandelt sich zu einem Stück Wirklichkeit. Sie ist aus dem Nichts ins Sein gelangt: Es ist wirklich wahr geworden, dass der Betreffende seinen aufgeregten Freund ignoriert hat. Alles von uns Gewählte wird aus dem Nichts der bloßen Möglichkeiten ins Sein der Wirklichkeit hinein »geschöpft«.

Worin besteht die menschliche Verantwortung?

Das Beispiel demonstriert, dass nicht alle Möglichkeiten, die jemand zu einem bestimmten Zeitpunkt hat, gleichermaßen bejahens- und begrüßenswert sind. Es gibt immer Möglichkeiten, die besser im Nichts verbleiben, wie zum Beispiel das Beschimpfen des Freundes. Somit ist ganz entscheidend, *welche* von den an uns heranbrandenden Möglichkeiten wir über die Schwelle ins Sein hineinhieven und der Wirklichkeit zuführen, und welche wir weiterhin

»zum Nichtsein verdammen«. Es ist nicht nur entscheidend für uns selbst, sondern auch für andere (im Beispiel für den Freund), das heißt für unsere Mit- und Umwelt. Man könnte sagen, der Mensch hat lebenslang die Funktion eines »Torhüters« inne, der Möglichkeiten durchs Tor in die Realisierung hineinlässt – oder abwehrt und außen vor dem Tor verkommen lässt.

Erschwerend tritt hinzu, dass alles einmal ins Sein Gelangte dort für »ewig« gespeichert ist. Es ist niemals mehr rückgängig zu machen; es fällt aus der Wahrheit nicht mehr heraus. Die Zurückweisung des Freundes fällt genauso wenig heraus wie ein gespendetes Trostwort an den Freund. Keine Macht der Welt (oder Überwelt?) kann Realisiertes annullieren. Und auch wenn es vergessen wird – geschehen bleibt es dennoch.

In diesem Blick wird die enorme Verantwortung spürbar, die auf uns »schöpferischen« Menschen lastet. Unsere Wahlen im Kleinen wie im Großen, im Negativen wie im Positiven verändern die Welt. Die heutige Generation, die sich mit Aufrufen zur Anständigkeit im Netz, zur Impfbereitschaft, zur CO_2-Ausstosssenkung, zur Plastikvermeidung, zur Barmherzigkeit mit Heimatlosen et cetera konfrontiert sieht, spürt diese Verantwortung in einer globalen Deutlichkeit wie nie zuvor.

Welche Schlussfolgerungen sind daraus ableitbar?

Der Seelenarzt Frankl sprach von einer »Gesichtsfelderweiterung«, die vielen seiner Patientinnen und Patienten Not tat. Das heißt, als Erstes sollten sie die Fülle der sich ihnen bietenden Möglichkeiten erschauen. Künstler haben eine besondere Gabe für solches Vorweg-Erschauen. Nehmen wir einen Steinblock: Die meisten Leute sehen in ihm nur einen unbrauchbaren Stein, wohingegen ein Bildhauer in ihm bereits eine Statue sieht, die herausgemeißelt werden kann. Bei seelischen Krankheiten oder Konflikten ist die Wahrnehmung von Möglichkeiten oft eingeengt und beschnitten. Ein Suizidkandidat glaubt nur noch die Wahl zwischen einem unerträglichen Leben oder einem vorzeitigen Tod zu besitzen. De facto hat er aber zahlreiche sonstige Optionen. Auch Gewalttäter sind häufig in dem Irrtum befangen, außer Zuschlagen gäbe es keine akzeptable Frustrationsbewältigung für sie. Menschen zu verhelfen, die vielen (wenn auch begrenzten) Möglichkeiten zu entdecken, die sie in ihrer gegenwärtigen Situation haben, ist ein guter Dienst. Man kann damit schon bei Kindern anfangen. Etwa wenn ein Kind Angst vor der Dunkelheit hat: »Okay, du fürchtest dich. Welche Möglichkeiten hast du jetzt, mit deiner Furcht umzugehen? Lass sie uns aufzählen: Du kannst einfach weinen. Du kannst eine kleine Lampe anzünden. Du kannst zu deinen Eltern ins Bett schlüpfen. Du kannst deine Angst mutig ertragen. Du kannst versuchen, an etwas Schönes zu denken …«

Wenn man den Fokus von den schicksalhaften Gegebenheiten weglenkt und zum persönlichen Freiraum hinlenkt, erkennt man, dass dieser umfangreicher ist als man vermutet hat.

Damit ist ein Problem natürlich noch nicht gelöst. Vor der Fülle der jeweiligen Wahlmöglichkeiten stehend gilt es nunmehr zweitens, die sinnvollste und beste darunter zu orten. Es gilt, nicht automatisch, nach eingeschliffenen Habits, irgendeine herauszupicken, auch nicht ungeprüft nach der angenehmsten und lustvollsten Möglichkeit zu haschen, sondern unter Einschaltung der innersten Gewissens- und Vernunftstimme zu wählen, was vertretbar und für sich und die Mitbeteiligten bekömmlich ist. Freilich ist dies kein leichtes Unterfangen, aber es verspricht eine fulminante Chance auf Problemlinderung. Selbst ein Kind ist für konstruktive Alternativen zu begeistern, sobald sich ein Alternativenspektrum vor ihm auftut.

Jeder schöpferische Prozess pulsiert also zwischen Erweiterung (des Spektrums an vorliegenden Möglichkeiten) und Verdichtung (in der Konzentration auf die *eine* davon, die der Verwirklichung wert und würdig ist).

Ein Fallbeispiel aus meiner Praxis:

Eine Frau war verzweifelt. Ihr Vater war kürzlich verstorben und sie kam über diesen Verlust nicht hinweg. Er hatte sie nach einer hässlichen Scheidungsgeschichte aufgefangen und bei sich wohnen lassen. Er hatte ihr ein Gefühl von Geborgenheit vermittelt. Jetzt fühlte sie sich total allein, hilflos und unendlich traurig. »Sie haben offenbar ein sehr gutes Verhältnis zu Ihrem Vater gehabt?«, fragte ich sie, und sie bestätigte: »Ein wunderbares Verhältnis!« Ich daraufhin: »Ich verstehe. Hätten Sie eine weniger gute Beziehung zu ihm gehabt, würden Sie jetzt weniger Schmerz empfinden und weniger unglücklich sein.«

Die Frau horchte auf. Etwas passte nicht zusammen. Sie wollte kein schlechteres Verhältnis zu ihrem Vater gehabt haben, keineswegs – aber sie wollte weniger an seinem Verlust leiden. Plötzlich wurde ihr klar: *Das* war keine ihr gewährte Möglichkeit. Wo große Liebe ist, ist große Trauer. Stattdessen entdeckte sie eine andere bisher unerkannte Möglichkeit: Ihr Schmerz war der »Preis« für die schöne Beziehung, die sie gehabt hatte. Ein »Preis«, der es wert war, »gezahlt« zu werden. *Das* war eine Möglichkeit, ihren Schmerz innerlich anzunehmen, und diese Möglichkeit gefiel ihr.

Wir wechselten zum Thema »allein und hilflos sein«. Auch diesbezüglich gab es variable Möglichkeiten. Ich verschob ihren Blick von sich selbst zum geliebten Vater hin: Welche ihrer derzeitigen Möglichkeiten gefiele dem Vater am besten? Sie wusste es sofort: dass sie tüchtig und klug ihr Leben meistere. Diese Möglichkeit, sich ihm zuliebe wieder aufzurichten, sozusagen als posthumen Dank an ihn, gefiel ihr auch. Ja, diese Möglichkeit war sie schließlich bereit zu verwirklichen. Buchstäblich aufrechten Ganges verließ sie mich.

Zeiten der Entscheidung

Viktor Frankl hat überzeugend dargelegt, dass der Mensch als un-bedingter bestehen kann, wie auch immer dessen Bedingungen gerade sein mögen. Un-bedingt in dem Sinne, dass sich in jedem bewussten Augenblick Wahlmöglichkeiten öffnen, auf diese Bedingungen zu reagieren. Und kann man an einem Sachverhalt gar nichts mehr ändern, so kann man allemal seine innere Einstellung zu ihm ändern, und das ist schon sehr viel! Denn von unseren inneren Einstellungen hängen unsere künftigen Handlungen ab, und von diesen hängen Wohl und Wehe zahlreicher Güter dieser Erde ab.

Unsere Epoche ist eine Epoche gravierender Entscheidungen. In solchen Zeiten muss das Bewusstsein jedes Einzelnen für seine Freiheit und Verantwortung geschärft werden, beziehungsweise für sein spezifisches Menschentum in Geistigkeit und Würde und seinen zu leistenden individuellen Beitrag zur Wahrung der

Menschlichkeit. Ich wüsste keine stärker dazu inspirierende Literatur als die von Viktor E. Frankl. Sie ermutigt dazu, sich nicht den Zweifeln und Zukunftsängsten, die gegenwärtig grassieren, zu überlassen, sondern sich souverän gegen den Sog von Resignation und Apathie zu stemmen und sinnorientiertes Handeln einzuleiten, wo immer dies nottut. »Die Welt ist nicht heil, aber heil-bar«, war Frankls Überzeugung.

Für den vorliegenden Sammelband habe ich Kurzdokumentationen, Fallgeschichten und Gleichnisse aus seinem Werk ausgewählt, weil ich aus langjähriger Erfahrung weiß, welch unmittelbare und eindrückliche Sprache die »bunte« Praxis spricht, verglichen mit jeder »grauen« Theorie. Ich bin sicher, dass die Leserinnen und Leser das für sie Essentielle daraus entnehmen und in ihr eigenes Leben integrieren können. Sollte es mir kraft dieses Schwerpunkts gelingen, Frankl im Licht seiner ärztlich-therapeutisch-seelsorgerlichen Genialität als den *Praktiker* (und nicht nur berühmten Forscher und Philosophen) darzustellen, der er *auch* war – ausgestattet mit einem feinen Gespür für das rechte Wort im rechten Moment und mit einem tiefen Mitgefühl für den leidenden Mitmenschen –, dann würde es mich freuen. Die nächsten Generationen werden exakt dies dringend brauchen: Ehrliche Worte und ehrliches Mitgefühl mit den Ärmsten unserer Welt.

Elisabeth Lukas, im Mai 2022

EDITORISCHE NOTIZ

Der vorliegende Band bildet den Auftakt einer Viktor-Frankl-Reihe, in der vergriffene Texte des Autors in bibliophilen Ausgaben neu aufgelegt werden. Die Originalausgabe von *Zeiten der Entscheidung* ist 1996 im Herder Verlag, Freiburg im Breisgau, erschienen, inzwischen aber nicht mehr lieferbar.

Die Texte dieses Bandes wurden von Elisabeth Lukas um kurze, einordnende Kommentare aktualisiert. Ebenfalls neu hinzu kam das Vorwort von Alexander Batthyány. Ansonsten wurden die Texte, abgesehen von formellen Änderungen, in der Originalschreibweise belassen. Der Verlag ist sich bewusst, dass von Frankl verwendete Zuschreibungen und Begriffe wie »Farbiger« (siehe »Die ewig neue Frage des Lebens an uns«) oder »(Anstalt für) Idioten« (siehe unter anderem »Das Leiden hat ›Übersinn‹«) negativ konnotiert und nicht in unsere Zeit passend sind. Zugunsten der Zitierung des Originals wurde aber auch in diesen Fällen kein Eingriff vorgenommen.

LITERATUR

In *Zeiten der Entscheidung* werden jeweils die aktuellen Ausgaben der Bücher von Viktor Frankl zitiert.

Ärztliche Seelsorge, dtv, München, 7. Auflage 2017.

Der leidende Mensch, Huber, Bern, 3. Auflage 2005.

Logotherapie und Existenzanalyse, Beltz, Weinheim / Basel, 3. Auflage 2010.

Die Psychotherapie in der Praxis. Eine kasuistische Einführung für Ärzte, in: *Gesammelte Werke*, Bd. 3, Böhlau, Wien / Köln / Weimar 2008.

Die Sinnfrage in der Psychotherapie, Piper, München, 6. Auflage 1996.

Theorie und Therapie der Neurosen. Einführung in Logotherapie und Existenzanalyse, Reinhardt, München, 9. Auflage 2007.

Über den Sinn des Lebens, Mit einem Vorwort von Joachim Bauer, Beltz, Weinheim / Basel, 3. Auflage 2020.

Der unbewusste Gott. Psychotherapie und Religion, dtv, München, 14. Auflage 2017.

Der Wille zum Sinn. Ausgewählte Vorträge über Logotherapie, hogrefe, Bern, 7. Auflage 2016.

TEXTNACHWEISE

Die Texte »Religiosität ist unableitbar«; »Die Transsubjektivität von Sinn«; »Dem biologischen Schicksal trotzen«; »Depression und geistige Einstellung«; »Leiden als Leistung«; »Luststreben und Versagen«; »Klimakterium«; »Auf einen gemeinsamen Nenner bringen«; »Ärztliche Seelsorge« wurden mit freundlicher Genehmigung des Paul Zsolnay Verlags übernommen aus: Viktor E. Frankl, *Ärztliche Seelsorge. Grundlagen der Logotherapie und Existenzanalyse.* Überarbeitete und erweiterte Auflage. © Deuticke im Paul Zsolnay Verlag Wien 2005.

Die Texte »Glaube an den freien Willen«; »Der wandelbare Mensch«; »Das Leiden hat ›Übersinn‹«; »Sein eigener Rivale sein«; »Verzicht auf Fortpflanzung«; »Autonomie trotz Dependenz«; »Das Wissen um Fakten verändert die Fakten«; »Psychotisches Feindbild«; »Metaphysischer Leichtsinn«; »Zeitgemäßheit der Existenzanalyse«; »Nichts in eine Selbstverständlichkeit«; »Menschliches Sein ist Passion«; »Wenige, die für viele stehen«; »Die Theodizeefrage« wurden mit freundlicher Genehmigung der Hogrefe AG übernommen aus: Viktor E. Frankl, *Der leidende Mensch,* Huber, Bern, 3. Auflage 2005.

Die Texte »Analytische Spiegelfechterei«; »Furcht vor Unerfülltheit«; »Die Würde des Menschen bleibt«; »Der Humor als Existenzial«; »Das Herz soll klopfen ...«;

»Irrationale Angst vor Schuld«; »Wer ein Warum zu leben hat …«; »Scheinbar seelisch bedingt …«; »Die Stimme«; »Arbeitslosigkeit und Hunger nach Sinn«; »Selbstmordgefährdungstest«; »Drogenabhängigkeit und Stolz« wurden mit freundlicher Genehmigung des Beltz Verlags übernommen aus: Viktor E. Frankl, *Logotherapie und Existenzanalyse.* © 2000 Beltz & Gelberg in der Verlagsgruppe Beltz, Weinheim Basel.

Die Texte »Etwas in der Welt zurücklassen«; »Vom Stottern geheilt« »›Schlangen‹ vertreiben«; »Ursache oder Wirkung?«; »Wahn und Person«; »Psychosomatik«; »Gefahr einer Fehldiagnose«; »Aufmerksamkeit verlagern«; »Scheinbar körperlich bedingt …«; »Traumata und Druckentlastung«; »Tic als unbewusster Protest«; »Anpassung um jeden Preis?«; »Die Gnade der Selbstvergessenheit«; »Vertrauen zur unreflektierten Geistigkeit«; »Vergötzung und Verzweiflung«; »Recht und Pflicht am Grab« wurden mit freundlicher Genehmigung des Ernst Reinhardt Verlags übernommen aus: Viktor E. Frankl, *Theorie und Therapie der Neurosen. Einführung in Logotherapie und Existenzanalyse,* Reinhardt, München, 9. Auflage 2007.

Die Texte »Kontaktmangel und Verantwortungsscheu«; »Impotenz als Entscheidungskrise«; »Zwangsimpulse ignorieren«; »Geführtwerden im Traum«; »Die Sehnsucht im Schulheft«; »Neurotischer Fatalismus«; »Akzeptanz einer Hörstörung«; »Improvisationskunst« wurden mit freundlicher Genehmigung des Paul Zsolnay Verlags übernommen aus: Viktor E. Frankl, *Die Psychotherapie in der Praxis. Eine kasuistische Einführung für Ärzte.* Überarbeitete und erweiterte Auflage. © Deuticke im Paul Zsolnay Verlag, Wien 1982.

Die Texte »Entwertung echter Motive«; »Ein Sortiment von Ausreden«; »Eine Tragödie als Triumph«; »Erraten!«; »Lebensbilanz«; »Die Tür zum Glück«; »Die ewig neue Frage des Lebens an uns«; »Der Sinn – ein Schachzug?«; »Das Fressen und die Moral«; »Höchste Auszeichnung«; »Äußerer und innerer Erfolg«; »Lebenskunst einer Kranken«; »Was heißt ›unheilbar‹?«; »Das Schicksal und der Arzt« wurden mit freundlicher Genehmigung der Familie Frankl-Vesely übernommen aus: Viktor E. Frankl, *Die Sinnfrage in der Psychotherapie,* München, 6. Auflage 1996.

Die Texte »Bewusstmachung ist nicht alles!«; »Traumwarnung«; »Der Ruf an uns«; »Erkrankte Religiosität«; »Auf Vollendung verwiesen sein«; »Die ureigene Sprache«; »Den Himmel sehen wir nicht« wurden mit freundlicher Genehmigung des Kösel Verlags übernommen aus: Viktor E. Frankl, *Der unbewusste Gott. Psychotherapie und Religion*. © 1988, Kösel-Verlag, München, in der Penguin Random House Verlagsgruppe GmbH.

Die Texte »Das Menschlichste: die Scham«; »Das Dasein ist bodenlos«; »Die Weisheit des ›moralischen Instinkts‹«; »Worauf es ankommt«; »... nichts als Angst?«; »Aggressionen loswerden?« wurden mit freundlicher Genehmigung der Hogrefe AG übernommen aus: Viktor E. Frankl, *Der Wille zum Sinn. Ausgewählte Vorträge über Logotherapie,* hogrefe, Bern 7. Auflage 2016.

ZUM AUTOR

Viktor E. Frankl
(1905–1997)

Dr. med., Dr. phil., Dr. h.c.mult., war Professor für Neurologie und Psychiatrie an der Universität Wien sowie Gastprofessor an der Harvard University und an Universitäten in Dallas, Pittsburgh und San Diego. Von 1940 bis 1942 war er Leiter der Neurologischen Station des Rothschild-Spitals und von 1946 bis 1970 Vorstand der Wiener Neurologischen Poliklinik. Die von ihm geschaffene »Logotherapie und Existenzanalyse« gilt als vorrangig sinnzentrierte Richtung der Psychotherapie. Sie wird auch als »Dritte Wiener Richtung« bezeichnet, nach der Psychoanalyse von Sigmund Freud und der Individualpsychologie von Alfred Adler. Frankl wurde zu Vorträgen an über zweihundert Universitäten auf allen Kontinenten eingeladen und erhielt neunundzwanzig Ehrendoktorate. Seine vierzig Bücher sind bisher in mehr als fünfzig Sprachen erschienen. Von seinem Buch *Man's Search for Meaning* sind über sechzehn Millionen Exemplare verkauft worden. Laut Library of Congress (Washington) ist es »one of the ten most influential books in America«. In Deutsch ist das Buch unter dem Titel *… trotzdem ja zum Leben sagen* erschienen. Logotherapie-Institute und Gesellschaften in aller Welt führen Frankls Werk weiter fort.

www.viktorfrankl.org